SÜLLBERG UM 1860

HUDEMANN · MAACK RUND UM DEN SÜLLBERG

HILDEGARD HUDEMANN · CHRISTEL SCHULTZ-HUDEMANN · RUDOLF MAACK

RUND UM DEN SÜLLBERG

Ein Blankeneser Bilderbogen

CHRISTIANS

Blick von
Hinnebergs Garten
auf dem Süllberg H.H. 73

Süllberg

Rund um den Süllberg sah es um 1860 noch ebenso kahl aus wie in grauer Vorzeit, als Burgen auf seiner Kuppe standen. Die erste hatte der Erzbischof von Bremen errichtet, um seinen Elbübergang zu schützen, wie es eine Urkunde von 1075 besagt, und die andere, fast 200 Jahre danach, ein Schauenburger Graf, nun wiederum zum Schutz gegen erzbischöflichen Übermut.

Beide fällten den Wald um den Berg. Aber schon ehe der Regen den Mutterboden hinuntergespült hatte, waren beide Burgen geschleift. Seit dem 13. Jahrhundert gab es keinen Turm mehr auf dem „Sollenberg" oder „Sülleberg", wie der Hügel einst genannt wurde, wobei „Süll" soviel bedeutet wie Schwelle oder Erhebung.

Der Turm, der ihn auf unserer Zeichnung krönt, ist jüngeren Datums. Aber auch er hängt noch mit der Fähre zusammen. Der Fährpächter Peter Georg Carl Hansen nämlich, ein einstiger „Polizei-Reuter", kaufte 1837 den von geistlichen und weltlichen Besitzern und Besatzern verlassenen Süllberg, bepflanzte ihn und errichtete einen viereckigen Turm, neben dem er eine bescheidene Milchwirtschaft betrieb.

1840 setzte er dem Berg auch noch einen spitzen Hut auf: er erwarb mit Haut und Haar den alten Trichter vom Millerntor und stellte ihn leibhaftig auf den Gipfel. Bei Sturm hörte man seine Windharmonika heulen.

Peter Hansen, ein Ortsfremder, der von seinem Berg auf die Blankeneser herabsah, war manchem von diesen ein Dorn im Auge. Eines finsteren Abends überfielen sie

5

ihn und schlugen ihn halbtot. Hilfesuchend rannte seine Frau Henriette durch das Dorf, während Tochter Berta die Mißhandlung ihres Vaters mit ansehen mußte.

Um diese Berta hielt eines Tages ein Garstedter Zollbeamter an: Detlef Hinrich Rohr. Berta konnte er haben; aber den Süllberg mußte er seinem Schwiegervater 1861 abkaufen, samt der Wirtschaft. In vier Fahrzehnten hat „Vater Rohr", der freundliche Herr unter der betrottelten Mütze, dem Süllberg die Grundzüge gegeben, die ihn bis heute kennzeichnen. Erst einmal errichtete er ein Tanzzelt, dann den runden Turm. Aber je stärker die Anziehungskraft des Süllbergs wurde, desto weniger reichten seine Wirtschaftsräume aus. Also entschloß sich Vater Rohr zum Bau eines großen Hauses und eines Festsaals.

Das alles fand sein Sohn Friedrich vor, als er 1903 den Betrieb übernahm und den alten Trichter durch ein Restaurationsgebäude mit Hotel ersetzte. Er hinterließ seiner Witwe und zwei Söhnen die Aufgabe, das Haus durch Kriegs- und Nachkriegszeit hindurchzubringen. Erst 1924 trat sein Sohn Fritz die Leitung an und verwandelte die Hotelzimmer in Restaurationsräume. Auch ihm war der Süllberg nicht als Geschenk in den Schoß gefallen.

Seit 1968 steuert Fritz Rohrs Tochter Magrit als einzige Vertreterin der 5. Generation mit ihrem Ehemann Wolfgang Schulte-Haubrock das traditionsreiche Haus unter der neuen Windrose in die Zukunft hinein. Auf dem Turm, den ihr Urgroßvater baute, erreicht man den höchsten Punkt mit dem weitesten Blick, stromauf bis zu den Türmen von Hamburg. Die waren noch nicht da, als die Besatzungen der ersten Türme in gleicher Richtung Ausschau hielten.

6

Blick
vom Süllbergturm
5.5.73 Hudeuua
Föhnig und diesig

Sagebiels Fährhaus

Während der Süllberg Jahrhunderte lang kahl und unbewohnt dastand, blühte zu seinen Füßen der Fährbetrieb, zu dessen Schutz die Burgen einst auf ihm errichtet waren. Nun sorgte dafür ein Fährhaus, in halber Höhe an den Kiekeberg angelehnt. Melchior Lorichs hat es auf seiner Elbkarte gemalt: ein stattliches, eingezäuntes Gewese, unter ihm die ersten Fischerhäuser.

Zu ihnen zog sich vom Fährhaus eine Schlucht hinab: die Grube, Blankeneses älteste Straße, wenn man dies Wort für einen aufgerissenen Sandweg verwenden darf, in dem man 1731 eine hölzerne und 1766 eine steinerne Treppe anlegte, vom Strandweg aus, der auch ein Sandweg war.

Im Fährhaus wurden nicht nur die Fährdienste geregelt und entlohnt, sondern auch Fahrgäste untergebracht. Überdies lud sein großer Saal im Oberstock zu Festen und Lustbarkeiten ein. Und je schlechter der Fährverkehr nach dem 30jährigen Kriege sich anließ, desto mehr war der Betrieb auf die Krugwirtschaft angewiesen.

Aber auch diese blieb so bescheiden, daß man das Haus nach dem Ableben des letzten Verwalters Johannes Dohse 1669 nur noch verpachten konnte, und zwar an dessen Witwe. Auch die letzte Pächterin war eine Witwe, Marie Mohrmann. Die hielt ein gutes Halbjahrhundert darin aus, ehe sie den Fährkrug 1868 an Wilhelm Sagebiel verkaufte.

Inzwischen hatte es bewegte Jahre gegeben, 1826 wurden 22 Häuser eingeäschert, darunter auch das Fährhaus. Es erstand sogleich neu aus der Asche, wieder mit Reetdach, aber etwas von der alten Treppe abgerückt, die von der Grube unmittelbar zur Tür geführt hatte. Grund genug für Wilhelm Sagebiel, den Gemeinderat zu einem guten Trunk einzuladen, wonach die alte Wegegerechtsame aufgehoben wurde. Dafür legte er „Sagebiels Weg" an und die breite Granittreppe mit 117 Stufen zum Strand hinunter, die auch heute noch als Privatbesitz zum Fährhaus gehört.

Wilhelm Sagebiel hatte als Kellner in Hamburg angefangen und hielt zeitlebens jeden für einen Verschwender, der für sieben Petroleumlampen mehr als ein Streich= holz brauchte. Dieser sparsame Sinn erlaubte ihm, in der Drehbahn ein Etablisse= ment mit Riesensälen zu errichten, die im Winter von rauschenden Festen erfüllt waren, und kurz darauf das Fährhaus zu erwerben, deren illustren Gästen er sich im Sommer widmete. Er starb mit 61 Jahren.

Im gleichen Alter starb auch sein Sohn und Nachfolger Ludwig, der das Haus auch im Winter offen hielt. Seit 1923 wurde der Betrieb, wie in alten Zeiten, an Päch= ter vergeben, die ihn durch gute und schwere Fahre tapfer gesteuert haben, unter dem Namen „Sagebiels Fährhaus".

Als der große Saal eine bedenkliche Neigung zum Tal bekundete, mußte er dem Neubau eines Wohnhauses weichen. Der kleine Fest-Saal wurde einem Parkplatz zuliebe geopfert. „Minna Meyer", das Kostümfest der Hamburger Furisten, mußte an= derswo Quartier suchen. Die alte Fachwerkfront zur Hauptstraße zeigt ihre gemüt= liche Schönheit erst jetzt, nachdem sie von ihrer Efeuwand befreit ist, aus der das Vogelgezwitscher laut erscholl.

Welcher Ausblick schöner ist: der Fernblick vom hohen Süllberg rings in die Weite über den breiten Strom, der sich zum Meer erweitert, oder der Nahblick vom halbhohen

Fährhaus auf den großen Bruder Süllberg zur Seite, auf das gedrängte Treppenlabyrinth zu Füßen und auf das immer bewegte Wasser, das ist für jedes Auge und zu jeder Stunde anders. Man muß es selbst erproben, immer wieder.

Kampf ums Holz

Ganz Blankenese heizte mit Holz vom Strand. Aber man mußte früh auf den Beinen sein, um was zu ergattern. Um 6 Uhr morgens war der Strand wie leergefegt, – was er heute nie mehr ist. Der „arme Lotse Meier" hatte eine eigene Methode entwickelt. Wenn er von seiner Börd kam, ließ er sich in Teufelsbrücke absetzen, zog die Stiefel aus und hing sie sich mit zusammenge= knoteten Bändern über die eine Schulter. Dann sortier= te er in aller Ruhe, bis er das richtige Bündel Holz über die andere Schulter legen konnte. Damit wanderte er bis zu seiner Wohnung am Fuß des Monte Almiento, so genannt nach dem Rechtsgrundsatz der Strandläu= fer: all min. „Sie leben von Fischfang, Strandraub und etwas Arbeit", hieß es damals von den Blankenesern.

Eines frühen Wintermorgens kuckt Heini Eggert aus seinem Fenster, und was sieht er im Dunkeln? Ein großes, prachtvolles Stück Holz, direkt vor ihm am Strand. Aber im gleichen Augenblick geht auch schon der „arme Lotse Meier" geradewegs auf das gute Stück los. Schade. Nicht daß Heini Eggert es ihm nicht gegönnt hätte. Aber er hätte so gern noch schnell mit Kreide draufgeschrieben: „Frohe Weihnachten, Lotse Meier!"

Fährbetrieb

Pure Bescheidenheit verbot Blankenese, sich als Oxford oder Bosporus aufzuführen, wozu es guten Grund gehabt hätte. Wie jene betrieb es eine Ochsenfähre und keine unbedeutende.

In den Frühjahrsmonaten der Fahre um 1600 wurden täglich an die 1000 magere dänische Ochsen auf Prähmen über die Elbe gesetzt. Dabei mußten alle Blankeneser mit anpacken. Die Helfer wurden in den drei Ortsteilen Westerende, Mitte und Osterende ausgelost, die danach lange Zeit noch die drei Lose hießen.

Die Blankeneser Fähre und die Fähre von Cranz gehörten den jeweiligen Landesherren, die ihrerseits Fährmänner bestellten. Diese wachten eifersüchtig darüber, daß die Gegenfähre ihnen nicht ins Geschäft kam. Jede durfte nur bringen und nichts holen. Aber trotz hoher Bröke, d. h. Strafe, gab es immer wieder Schwarzfahrten mit Jollen, Ewern und sogar mit Prähmen. Einen Cranzer Prahm, den die Blankeneser schnappten, legten sie an die Kette, bis er verfault war.

Nicht nur Stückgut und Ochsen wurden befördert, auch die Post von Hamburg über Bremen nach allen Städten Westeuropas nahm diesen Weg, erst zu Fuß, dann zu Pferd und schließlich zu Wagen. Aber bald machte der 30-jährige Krieg jeden Straßenverkehr unsicher.

Wieder 100 Jahre später hörte der Ochsenhandel auf. Und als Napoleon seine Heerstraßen von Hannover und von Bremen nach Harburg angelegt hatte, ging auch die Personenbeförderung der Fähre zurück. Bei der Einführung der Eisenbahn schlief sie vollends ein.

Es waren einzelne Unternehmer am linken Elbufer, die den Fährbetrieb wieder in Gang brachten. In Stade erwarb man den hölzernen Raddampfer "Gutenberg", der seine Fahrten im Gutenberg-Gedenkjahr 1840 aufnahm. Zwar verdankte er seinen Namen dem Erfinder des beweglichen Letterndrucks; aber am Tage seiner Indienststellung wurden in Hamburg nicht einmal Zeitungen gedruckt, weil deren Produzenten allesamt beim Gutenbergjubiläum 14 Festgänge bewältigen mußten. Zwei Jahre später, beim Hamburger Brand, hat die "Gutenberg" sich revanchiert: sie brachte Spritzen und Geschütze samt Munition aus Stade heran und rettete damit einen Teil von Hamburg.

Eine andere Gesellschaft hatte drei Raddampfer mit schönen Namen unter Dampf: "Phoenix" und "Courier", die unser Bild zeigt, sowie "Primus", die 1902 vor Nienstedten mit 103 Menschen unterging. Immer neue Reedereien erwarben Schiffe, so daß sich um 1870 achtzehn Personendampfer auf der Elbe herumtrieben. Diese Paddelschiffe schaufelten Fahrzeiten heraus, die neben denen von heute gut bestehen können.

Die "Stade-Altländer Dampfschiffahrts-Rhederei-Gesellschaft" bereicherte ihre ansehnliche Flotte 1894 sogar um eine hochmoderne Schwester, die mit Doppelschrauben ausgestattet war. Sie lief ebenso schnell wie später "Jan Molsen" und war jedem Eisgang gewachsen. Natürlich hieß dies beliebteste Schiff "Blankenese".

"Primus"

Gleichwohl krebste die Stader Reederei mühsam durch die Jahre. Es gab manche Havarien, kleinere und größere, und die Schiffe wurden nicht jünger. Als sie wirklich alt waren, kam ein Angebot des Hamburgers Alfred Aust, der sich seinen Jugendtraum erfüllen wollte. Er bezahlte für die Stader Dampfer mehr als eine halbe Million, das Doppelte ihres Wertes, wie man später wußte.

Dann ging er auf die Suche nach neuen Ausflugszielen. Er entdeckte Kollmar, das sogleich eine Landeanlage bekam. Dasselbe geschah in Wittenbergen. Als er seine Linie auf zwölf Schiffe gebracht hatte, brach der erste Weltkrieg aus. Bei der Inflation war seine Flotte auf sechs zusammengeschrumpft, darunter die kriechende „Wittenbergen", die kohleverschlingende „Cuxhaven" und die überlange „Hamburg". Schon machte ihm die Konkurrenz der staatlich subventionierten Hadag und die der „Este-Linie" schwer zu schaffen, da reparierte er noch den alten Anleger von Schulau und baute sich einen eigenen vor Blankenese beim „Mönchshof", wo die „grünen Dampfer" nichts zu suchen hatten.

Aber das Ende der Linie mit dem Bremer Schlüssel am Schornstein war nicht aufzuhalten. Zwar verwies Aust auf seine „zehn größten Dampfer der Unterelbe" und strampelte mit seinen flachen Paddelschiffen in alle Winkel hinein. Aber als der Eiswinter 1928/29 sogar die tüchtige „Blankenese" festlegte, mußte er die Reedereiflagge streichen und die Stader Dampfer an die Hadag verkaufen. Die fuhr längst mit Dieselmotorschiffen und stieß Austs Schaufeldampfer schleunigst ab, darunter auch das langsamste Schiff der Unterelbe, die alte

Cranz
an der Este

„Concordia" mit dem poetischen Beinamen „Lischen Moonschien". Auf der Stader Linie führt die Hadag noch heute den Bremer Schlüssel, ganz klein im Stander.

Die „Este-Linie" mit den gekreuzten Schlüsseln am Schornstein hatte sich unter Hinrich Sietas rechtzeitig auf kleine Schiffe mit Dieselantrieb umgestellt und kam sogar ohne Schäden durch den 2. Weltkrieg. Jedoch im Wettbewerb gegen die Hadag ging auch ihr nach dem Eiswinter 1963 die Puste aus. Damit erlosch die letzte private Fahrgast-Reederei auf der Niederelbe. Aber noch sind es die Komponisten-Dampfer (Hans Sachs hat auch komponiert), die mit dem einstigen Reederei-Zeichen am Schornstein alle Stunde vom Bull'n ablegen und mit koketter Drehung quer in den Strom wenden, zur Fahrt nach Cranz, zur Kirschblüte, und nach Neuenfelde, zur Schnitger-Orgel. Ochsen fahren schon lange mit der Bahn.

15

Op'n Blankneser Bull'n
1 Minute vor zwölf. HH.
27.5.73

Der Bull'n

So hieß schon 1842 der allererste Vorleger an der Blankeneser Landungsbrücke. Das war ein plattbodiges Fahrzeug, von dem aus man ein anderes Schiff zum Kalfatern auf die Seite ziehen konnte. Ein solches Arbeitsschiff nannte man einen Bull'n. Der Name vererbte sich auf alle Nachfolger: auf das dänische Kanonenboot, auf den späteren Eisenkahn, der schon Pollern und Klampen zum Festmachen besaß und von 1888 bis 1925 seinen Dienst verrichtete, sodann auf den neuen Bull'n, der ihm folgte, und schließlich auf den nagelneuen, der diesen 1971 abgelöst hat.

In der stolzen Reihe der Blankeneser Bull'n ragte der „alte" in die Höhen= schicht des Mythos. Auf ihm versammelten sich sonntags die Cap Horniers und alltags die echten Blankeneser. Hier walteten Wilken Bohn und Jan Kölln samt ihren Ehegesponsen. Mit einem Auge bewachten sie den Fährdienst, mit dem anderen den Grogpegel ihrer Gäste. Bei Hochstand schwang sich Jan Kölln zu Shanties auf. Sonst beschränkten sich die musikalischen Genüsse auf die alte Spieluhr, die für einen Groschen ihre Platten laufen ließ. Viel Auswahl gab es nicht. Am beliebtesten war „La Paloma". Allerdings hatte gerade diese Platte einen Schönheitsfehler. Immer an der gleichen Stelle kam sie ins Stottern. Aber daran waren alle gewöhnt und hätten sich mächtig gewundert, wenn sie glatt durchgekommen wäre.

Der Bull'n lag mit dem Steven elbabwärts, beiderseitig verankert. Über dem Ankerspill am Steven hing die mächtige Glocke der alten Brigg „Luise von Stettin". Sie läutete alle zehn Sekun= den bei Nebel und nach Lust und Laune, wenn die Blan= keneser Jungens den Klöppel vom Strand aus mit einer langen Schnur bedienten, — im Dunkeln, versteht sich.

Hexentüg

Spökenkram und Aberglaube waren in Blankenese kräftig im Schwange. Noch heute scheut sich manche Frau, zwischen Weihnachten und Neujahr zu waschen. Man braucht die Hexen ja nicht gerade anzulocken. „Sie wollen nicht sagen, daß es in Blankenese wahrhaftige Hexen gab." Wieso, die kannte doch jeder, meint Heini Eggert. Eine wohnte Op'n Kamp, ein paar Häuser von hier. Die hatte mal eben fünf Männer unter die Erde gebracht. Eine andere hauste im Treppenhof bei Wichmann; die machte die Schweine krank. „Und woher wußte man das?" Furchtbar einfach. Man brauchte nur einen Pfennig unter die Fußmatte zu legen. Wer dann als erste kam, um sich was zu leihen, das war die Hexe.

Schwieriger war es mit Lieschen; denn die konnte sich auf einen Rutsch in einen schwarzen Pudel verwandeln „mit groote gleunige Oogen". Da half bloß ein deftiger Fluch: „Kanns mi dreeduppelt fix in'n Mors lecken", und dabei mußte man das Kreuz schlagen. Aber auch das half nicht immer. Dann kroch sie nachts durchs Schlüsselloch und kitzelte die Schlafenden am großen Zeh. Das war ja auch nicht schön.

Und wer kannte nicht die spindeldürre Maria? Mit ihren 80 Jahren strich sie in langem schwarzem Kleid auf Turnschuhen mit Gummisohlen Marke Phönix blitzschnell wie eine Fledermaus an einem vorbei, daß man sich bannig versagte. Wer sie heranflitzen sah, warnte seine Umgebung mit lautem Ruf: Paß op, Phönix kummt!

Harmloser war Trudl Anngretsch. Dafür ging ihr

der Sinn für Sauberkeit ab. Ihre ganze Wohnung lag voll schmutziger Wäsche. Wenn ihr Mann nach Hause kam, baumelte er die Stück für Stück auf eine Leine, so wie sie war. Auf Trudl Anngretschs Schapp stand immer ein Kasten mit Goldstücken drin. Daraus bezahlte sie sonnabends den Schlachter und kaufte ihm seine ganze Mulde leer. Aufessen konnte sie das viele Fleisch ja nicht. Darum stank es bei ihr meist ganz verdeubelt. Wenn sie völlig überschnappte, spielte sie Hexe. Besonders auf den Zollbeamten am Strand hatte sie es abgesehen. Von oben bis unten mit einem Bettlaken umwickelt, hüpfte sie abends auf ihn los. "Du harrs man sehen schullt, wat de Mann loopen is", versicherte sie zu Hause glückstrahlend.

Als das zweite Kind zu erwarten war, fand Fonni von Ehren, er müsse nun eine Speisekammer haben. Das konnte ja nicht schwierig sein. Er zog hinter der Küche seines alten Hauses drei Mauern hoch und setzte einen Deckel darauf. Allens klor. Fehlte nur noch die Tür. Mit Hammer und Meißel haute er von der Küche her ein Loch und kuckte nach drei Schlägen ins Freie. Als er sich das Ganze von außen ansah, kam gerade Heini Brandt vorbei und fragte: "Wat is dat?" "Min Spieskomer." Heini zeigte auf das Loch: "Un dat dor?" "Dör keem Licht." Viel reden tat man ja ohnehin nicht in Blankenese. Kopfnicken hieß: ja. Kopfschütteln hieß: nein. Oder auch: Hab Wasser im Ohr.

Fischerei

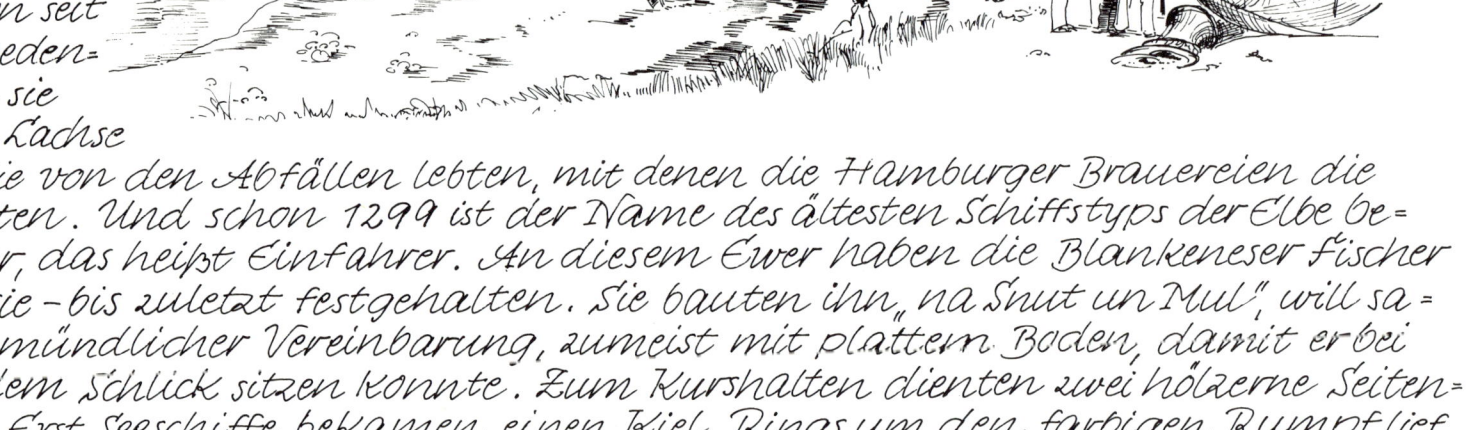

Die Fischerei der Blankeneser ist so alt wie der Ort selbst. Schon seit Menschengedenken haben sie Störe und Lachse gefischt, die von den Abfällen lebten, mit denen die Hamburger Brauereien die Fleete füllten. Und schon 1299 ist der Name des ältesten Schiffstyps der Elbe belegt: envar, das heißt Einfahrer. An diesem Ewer haben die Blankeneser Fischer – und nur sie – bis zuletzt festgehalten. Sie bauten ihn „na Snut un Mul", will sagen nach mündlicher Vereinbarung, zumeist mit plattem Boden, damit er bei Ebbe auf dem Schlick sitzen konnte. Zum Kurshalten dienten zwei hölzerne Seitenschwerter. Erst Seeschiffe bekamen einen Kiel. Rings um den farbigen Rumpf lief ein weißer Streifen, vom Bug bis zum Gatt. Als Mast diente ein Pfahl, der ein großes Rahsegel trug, später auch ein Vorsegel.

Um den Fang frisch zu halten, erfanden die Blankeneser die Bünne, einen Kasten mitten im Schiff, in den Frischwasser einströmen konnte. Mit diesem Ballast hielt der Pfahlewer eine tüchtige Mütze voll Wind aus. Gegen Brecher von vorn war er durch einen gewölbten Steven leidlich geschützt. Aber er war und blieb zu allen Zeiten eine offene Nußschale von nicht 20 Meter Länge, mit der man sich heute kaum aus der Elbe hinauswagen würde. Die Blankeneser fischten mit ihrem Ewer von Jütland bis zur Biskaya.

Nicht aus Übermut, sondern weil Hamburg ihnen einen Strich durch die Elbe gezogen hatte: bis Dockenhuden und nicht weiter! Schließlich sei die Elbe

20

„den ehrbaren rat von Hamborch ehren strom", hieß es in dem Vertrag von 1557. Gar Störe zu fangen, war den Blankenesern nirgends erlaubt. Gleichwohl unter= boten sie die Preise der Hamburger und besaßen bald ebenso viele Schiffe wie Hamburg und Altona zusammen. Mit denen wagten sie sich nun auf die See. Was sie da eintrieben an Heringen, zum Salzen und Pökeln, und an Kabeljau, den man zu Stockfisch verarbeitete, war mehr, als Hamburg und Altona aufessen konnten.

Also mußten sich die Blankeneser neue Absatzgebiete erschließen. Bald liefen sie mit Schollen und Zungen den holländischen Fischern in ihrem eigenen Land den Rang ab. Denn die Holländer arbeiteten mit Grundschleppnetzen, in denen sich die Fische verletzten, während sie sich in den senkrechten Treibnetzen der Blankeneser nur verwickelten. Diese waren aus dreidoppeltem Garn geknüttet und deshalb zehnmal so teuer.

Wenn die Herbststürme einsetzten, arbeitete der Fischer zu Hause an seinem Gerät. Auf der Diele hingen die Netze, mit weiten Maschen für Steinbutte und große Schollen bis Johanni, mit engen Maschen für Seezungen und kleine Schollen nach Johanni. Das ganze Jahr aber spann die Fischersfrau mit ihren Kindern Flachs aus dem Alten Land für das Segel und Hanf für die Netze. Dem Fischer blieb das Stricken der Netze und das Schlagen der Reepe und Taue. Das geschah auf der Reeperbahn, am Strand vor Osterende, also zwischen dem heutigen Strandhotel und Schifferhaus.

Ausrüstung und Erhaltung des Geräts war teurer als der ganze Ewer, der in Jahresfrist gebaut wurde, in Lauenburg oder Finkenwerder. Auch die Segel wur= den damals auswärts gewebt, zumeist in Wedel; sie hielten ein Jahr. Die Fischer mußten sich heranhalten. Den Winter durch holten sie Stinte aus der Elbe, solange

Hermann Bohn
Besitzer des letzten
Blankeneser Fischkutters
HF 396
Marianne von Blankenese
H. 23. 3. 73

die eisfrei blieb. Aber es gab Winter, da konnte man monatelang zu Fuß bis Glückstadt übers Eis wandern. Viel Verdienst kam bei all der Arbeit nicht heraus. Und doch lebte der ganze Ort vom Fischfang. 1641 besaß Blankenese 45 selbständige Einwohner. Davon waren 41 Fischer. 1806 hatte die Blankeneser Fischerflotte es auf 172 Ewer gebracht. Da kam der Umschwung.

Napoleon hatte auch daran schuld. Erst nahm er ihnen durch die Besetzung Hollands ihren besten Markt. Dann nahm ihnen die englische Kontinentalsperre ihren besten Fangplatz: die Nordsee. Alles weil die Blankeneser unter dänischer Flagge fuhren, seit 1640. Die Finkenwerder dagegen gehörten zu Hamburg und fuhren lustig an Blankenese vorbei zur See. Wenn sich dort noch ein Blankeneser fand, dann auf Schmuggelfahrt mit englischer Ware zum Festland. Aber davon konnte der Ort nicht leben.

So sank die Zahl seiner Ewer von Fahr zu Fahr. Als 1885 die SB-Zeichen eingeführt wurden, Schleswig-Blankenese, im Volksmund „sinnig und bedächtig", hatte Blankenese gerade noch 81 Schiffe. Zu den Ewern waren die ersten Kutter gekommen,

Nachbildungen des Neufundlandkutters, Kielschiffe mit flachem Steven. Sie brauch= ten keine Bünn; die ausgenommenen Fische kamen gleich auf Eis. Aber auch die= ser Typ konnte den Niedergang nicht aufhalten. Schon gar nicht, als die Konkurrenz der Smeukewer aufkam. Oder gar ein Segelschiff mit Motor. Zu solchem stillosen Greuel wollten sich die Blankeneser nicht verstehen.

Das Dorf verarmte. Die tonnenschwere eiserne Lade der Fischerei= und Ewerkasse war leer. Nach dem ersten Weltkrieg gingen die letzten vier Blankeneser Fischkutter im Verkauf nach Finkenwerder. Jetzt war kein SB mehr zu sehen. Dafür ist der Pfahl= ewer, der schon früher ausgestorben war, jüngst zum Blankeneser Wahrzeichen er= wählt worden. Er hat es wahrlich verdient.

20. 6. 73 HH
Finkenwerder Fischkutter

Blankeneser Schinken

Wenn die Dockenhudener Landungsbrücke so aussah, als hätte ihr Brücken=wärter über die Toppen geflaggt, dann hatte er frische Scharben von der Nordsee bekommen und sie an einer Schnur zum Trocknen aufgehängt. Köpfe und Flossen waren abgehackt, wenn die eingesalzenen Fische an den Schwänzen zusammengebunden und paarweise in den freien Elbwind gebaumelt wurden, wohin keine Fliegen kamen. Wenn sie trocken waren, brachte man sie auf den Boden. Mit Pellkartoffeln gegessen, galten sie als Blankeneser National=gericht. Bei geschlossenen Augen schmeckten sie kaum nach Fisch, eher nach Schinken, besonders die im August gefischten, die waren am fettesten. Die zarten Gräten konnte man getrost mitessen, sie reinigten den Magen. Wer Scharben kochen wollte, ließ sich auf eine schwierige Wissenschaft ein und auf eine Geduldsprobe. Denn unter 25 Stunden langsamem Sieden sind sie nicht gar. Ein echter Blankeneser ißt sie lieber roh.

Die Blankeneser konnten nur milde lächeln, wenn die Dockenhudener sie „Rochen=knieper" nannten. Wußten denn die dummen Bauern nicht, daß Rochen eine köstliche Delikatesse ist? Sobald Rochen auf den Tisch kam, versank jeder Blankeneser in stumme Andacht. Daraus erklärt sich wenn in einer schweigenden Gesellschaft die trockene Bemerkung fällt: „Blanknees itt Rochen."

See-Schiffahrt

Ob es das sonst jemals gegeben hat? Kein Hafen, kaum eine Werft, kein eigener Handel, aber eine Handelsflotte, auf der fast die gesamte männliche Bevölkerung zwischen 15 und 60 Jahren tätig ist – was übrigens jede Volkszählung scheitern ließ –, so sah es um die Mitte des 19. Jahrhunderts in Blankenese aus. Es war eine stürmische Entwicklung mit steilem Aufstieg und jähem Abfall, eine seemännische Glanzleistung, die am Ende vor Kapital und Technik die Segel streichen mußte.

Natürlich waren die Breckwoldts die ersten Frachtensegler. Schon 1785 tauchten sie mit ihren kleinen, plattbodigen Ewern in der Ostsee auf. Dann entwickelten die Schiffsbauer in Altona, in Teufelsbrücke und Schulau verschiedene Abwandlungen und Neuformen: die Galeasse, die am Großmast Rahen trug, die Schaluppe, der man unter den flachen Boden einen Kiel gab, den scharfgebauten Kutter, mit rundem Boden und Kiel, und bald auch den eigentlichen Blankeneser Schiffstyp, den Schoner mit seinen zwei oder drei Masten und vier Vorsegeln, häufig auch als Schoner= brigg getakelt, mit vier Rahsegeln am Fockmast.

Bis zu 3000 Fruchtkisten brachte so ein Schoner in schneller Reise vom Mittel= meer auf den Hamburger Markt. Die Seeräuber um Sizilien, vor denen andere sich fürchteten, hielten sich die Blankeneser mit hölzernen Geschützattrappen vom Leibe. Die Kapitäne waren beides zugleich: Schiffer und Reeder. Nur so rentierte sich der Betrieb, der aus Schiffer, Steuermann, Bootsmann, Koch, zwei Matrosen sowie ei= nigen Leichtmatrosen und Schiffsjungen bestand. Die Frachtenaufträge mußte man sich selbst in Hamburg verschaffen. Es waren Kleinbetriebe mit persön= lichem Gesicht, während die größeren Schiffe Hamburgs und Altonas Reede= reien gehörten.

Als 1850 die englische Navigationsakte und die deutschen Binnenzölle weg=
fielen, wagten immer mehr Blankeneser Schoner den Sprung nach Übersee. Es begann
mit der Brasilienfahrt, in deren Blütezeit einmal 42 Blankeneser Schiffe gleichzeitig
im Hafen von Rio de Janeiro ankerten. Bei den Schafen, die man dorthin transpor=
tierte, fehlte nie der Schäfer und selten der Violinist, der mit seiner Kunst die Tiere
auf der Reise zu besänftigen hatte.

Westindien, Mittelamerika und Mexiko waren die nächsten Märkte, die sich
die Blankeneser erschlossen. Schon 1848 war Hein Kröger mit seiner Schonerbrigg
„Maria" um Kap Horn nach der Westküste von Süd-Amerika gesegelt, und bis zum
Ende des Jahrhunderts lag der Handel mit Chilesalpeter, Kupfererz und Guano fast
ganz in der Hand der Blankeneser. Schließlich eroberten sie sich die Routen nach
China. 1881 fuhren sie mit 14 Schiffen an der chinesischen Küste. Damals gab es
nicht nur Elblotsen, sondern auch Yangtse-Lotsen in Blankenese.

Auf dem Höhepunkt der Entwicklung besaß Blankenese 185 See-Schiffe. Aber
man darf darüber nicht die Verluste vergessen, die auf der dunklen Gegenrech=
nung stehen. Allein im Jahre 1867 gingen 14 Blankeneser Schiffe total verloren.
Die Hälfte der Bevölkerung trug stets Trauerkleidung. Ganze Familien starben aus,
wenn die Söhne mit dem Vater untergingen, worüber die Angehörigen immer mona=
telang im Ungewissen blieben. Als Nicolaus Breckwoldt mit seinem winzigen Scho=
ner „Lorenz" nach endloser Reise am Orinoco eingetroffen war, hatte ihn seine Fa=
milie schon aufgegeben und ging in Trauer.

Die Verluste schlugen auch wirtschaftlich zu Buch. Ihnen zu begegnen, hatte
man schon 1807 die „Blankeneser Fischerkasse" gegründet. Sie wurde in einer ei=
sernen Lade verwahrt, in die die Fischer bescheidene, die Frachtschiffskapitäne
höhere Beiträge einzahlten. Ferner brauchte man „drei des Schreibens kundige

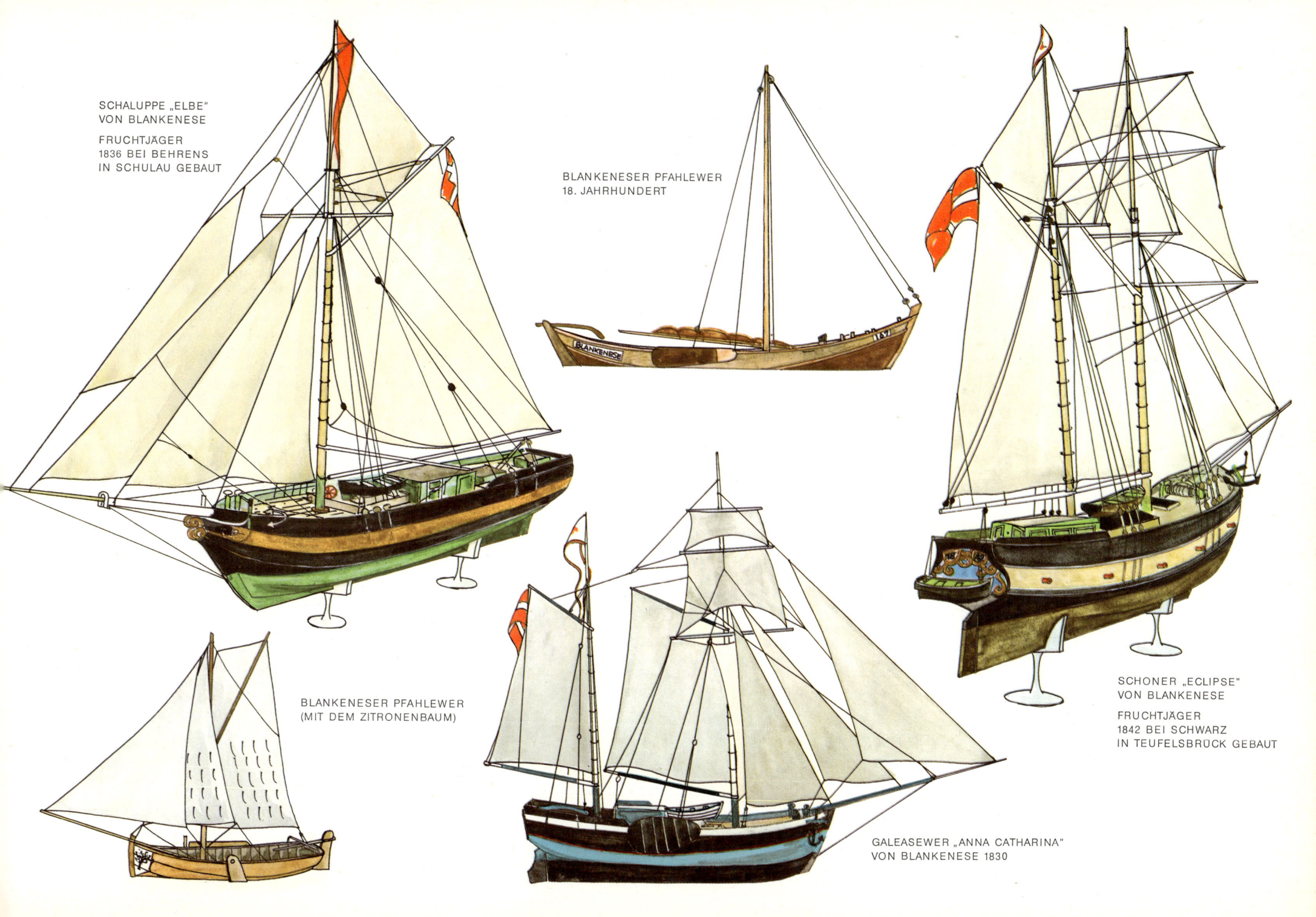

SCHALUPPE „ELBE"
VON BLANKENESE

FRUCHTJÄGER
1836 BEI BEHRENS
IN SCHULAU GEBAUT

BLANKENESER PFAHLEWER
18. JAHRHUNDERT

BLANKENESER PFAHLEWER
(MIT DEM ZITRONENBAUM)

GALEASEWER „ANNA CATHARINA"
VON BLANKENESE 1830

SCHONER „ECLIPSE"
VON BLANKENESE

FRUCHTJÄGER
1842 BEI SCHWARZ
IN TEUFELSBRÜCK GEBAUT

Leute aus der Kommune, um die Rechnung abzunehmen". Später gab es noch andere Versicherungskassen. Aber sie alle deckten nur 2/3 des Schiffswertes und schützten die Witwen kaum vor der Armut.

Als die Schiffsbauten für den einzelnen Schiffer unerschwinglich wurden, schlossen sich mehrere zu einer Partenreederei zusammen. Die verfuhr nach dem Grundsatz "Partnerschop geiht öber Verwandtschop". Aber gerade die Partenreedereien hielten gern an veralteten Schiffen fest, um immer noch Gewinne herauszuholen. Die Zeiten waren vorbei, da manches Schiff sich in zwei Reisen freigefahren, d. h. bezahlt gemacht hatte.

Inzwischen waren auch im Segelschiffsbau Buche und Eiche von Eisen und Stahl verdrängt. Aber selbst damit war die neue Konkurrenz der Dampfer nicht zu schlagen. Diese beherrschte die Trampfahrt an der chinesischen Küste mit Schiffen unter den vielversprechenden Namen "Cito" und "Presto", "Pronto" und "Progress". Die Blankeneser sagten: "Maschinen un Schruben kennt wi nich, dormit weet wi nich ümtogohn". Lieber wollten sie wieder mit dem Fischernetz segeln als auf einer Dampferbrücke stehen. Indessen ihr schöner Stolz konnte den Gang der Entwicklung nicht aufhalten. Die letzten Blankeneser Segelschiffsreeder mußten in den ersten Fahren unseres Fahrhunderts ihren Betrieb aufgeben. Unter ihnen finden wir dreimal den Namen Breckwoldt, mit dem die Frachtschiffahrt begonnen hatte.

War es eine stille Genugtuung für sie, daß die wenigen Blankeneser Dampfschiffahrts-Reedereien sehr bald den gleichen Weg liefen? Mehrere Dampfer waren vor China verloren gegangen, gestrandet oder vom Taifun mit alle Mann verschlungen. Das konnte eine private Reederei nicht verkraften. So erlagen 1917 auch die Blankeneser Dampfschiffs-Eigner der Konkurrenz des Großkapitals, das in den Hamburger Reedereien arbeitete. Hamburg hatte gegeben und genommen. Ihm verdankte die Blankeneser Schiffahrt ihren Aufschwung und ihr Ende.

Das seemännische Können der Blankeneser Schiffer aber machte sich Hamburg zunutze. Viele von ihnen fuhren und fahren auf Hamburger Schiffen, sofern sie nicht rechtzeitig Lotsen geworden sind. Und die braucht man zu allen Zeiten.

Andere Blankeneser betreiben in Hamburg eine Reederei, so Carl W. Hansen mit seinem Tankschiff „Wollin", so A. F. Harmstorf u. Co mit 10 Schiffen: Tankern, Kühlschiffen und Trockenfrachtern, die auf Trampfahrt laufen. Und so John T. Essberger mit zwei Trockenfrachtern und 13 Tankschiffen, darunter zwei Riesen zu 50000 und 81000 B.R.T.

Blick vom Süllbergsweg

Äppel und Birnbüme

Julius, dat weer ick

Beim Stammtisch der alten Kapitäne auf dem Bull'n gingen hinter dem dampfenden Grog die Geschichten rundum. Manche kannte man schon; aber es tauchten immer neue aus der Vergangenheit auf. So erzählte Julius Lange zum ersten Mal ein Erlebnis aus seiner Leichtmatrosenzeit. Inzwischen war er ein Siebziger geworden, aber es stand ihm noch vor Augen wie gestern geschehen.

Er war damals auf der norwegischen Bark „Spica" gefahren, die Eisenbahnschwellen aus australischem Hartholz nach Argentinien bringen sollte. Sie hatten diesmal die Route um das Kap der Guten Hoffnung herum gewählt, waren dabei aber in eine Flaute geraten und schließlich in einen Nebel, so dick, daß man die eigenen Segel nicht mehr ausmachen konnte.

Julius Lange stand auf dem Vorschiff und drehte am Nebelhorn, was das Zeug halten wollte. Da taucht doch urplötzlich backbord voraus ein Dampfer aus der Nebelwand, direkt auf ihn zu. Julius Lange schießt es durch den Kopf: Nu rennt uns son grooten Union Castle Liner inne Grund. Wie er auf den Bums wartet, streift die Bordwand so nahe an ihm vorbei, daß er meint, die Nocken von den Rahen schurrten an ihr entlang. Es gab keinen Bums. Er blieb am Leben. An Bord des Dampfers mußte jemand das Ruder im letzten Augenblick herumgeworfen haben.

„Julius, dat weer ick!" rief da Johannes Tamcke, und die ganze Stammtischrunde drehte die Nasen zu ihm, als der die Geschichte nun von der anderen Seite her erzählte. Johannes Tamcke hatte als Matrose auf dem Woermann-Dampfer „Arnold Amsinck" gestanden und Löcher in den Nebel gekuckt. Mit einem Mal taucht was hohes Dunkles dicht vor ihm auf. Er denkt: ein Felsen und schreit aus Leibeskräften nach achter: „Hart Steuerbord!" Der zweite Steuermann, Haase, war in der Hitze gerade eingedämmert; aber er rappelte sich auf, eben noch rechtzeitig, um frei zu kommen von der Bark, deren Segel wie ein Fels vor Johannes Tamcke gestanden hatten.

"Mensch, Johannes", sagte Julius Lange, "denn büs du jo min Lebens=retter." "Jä", meinte Johannes Tamcke, "dat bün ick denn jo wol. Ober dat du dormit ers no föftig Johren rutkummst, —" Eine Runde Grog war fällig.

Vom Schiffsjungen bis zum Steuermann gab es viel zu lernen, bloß kein Morsen, jedenfalls vor dem ersten Krieg noch nicht. Johannes Tamcke brachte das von seiner Marinezeit mit, als er auf dem Levante-Dampfer "Andros" fuhr. Einmal, vor Gibraltar, holten sie ihn eilig aus der Koje, weil die Engländer Blink=signale gaben, die kein Mensch an Bord verstand. Johannes Tamcke entzifferte: "Nicht Messina, Malta kohlen." "Is dat ok wohr?" fragte der Kapitän. "Giff R P." Zum zweiten Mal kam die gleiche Anweisung. Aber um sich nicht zu blamieren, fragte der Kapitän vor Malta mit Signalflaggen noch einmal an. Er bekam die Antwort: "Sofort einlaufen," worauf er sich vornahm, die nützliche Kunst des Morsens noch selbst zu erlernen.

Das nächste Mal fand Johannes Tamcke schneller Glauben, nämlich als vor Jaffa der deutsche Kreuzer "Breslau" ein Signal morste: "K an K," d.h. Komman=dant an Kommandant. "Morgen zum Essen eingeladen." Beim Nachtisch meinte man auf der "Breslau": "Alle deutschen Handelsschiffe müßten so mit Morsen umgehen können wie Ihr Tamcke."

31

Willi auf großer Fahrt

Der älteste Blankeneser Cap Hornier ist Willi Raupert, geboren 1888, buchstäblich im Bismarckturm, wo seine Eltern eine Kaffee-Wirtschaft betrieben. Heute müssen ihn die alten Kameraden am Stammtisch fragen, wenn sie noch einen Grog trinken wollen.

Als Leichtmatrose hat er auf dem größten deutschen Vollschiff, der „Preußen", angefangen, fünf Jahre bevor sie von einer englischen Kanalfähre für einen Kümo gehalten und gerammt wurde.

Der Kapitän der „Preußen" war nicht sonderlich beliebt. Und wie es denn so kommt, eines Tages vermißt er drei Schinken. Das ganze Schiff wird auf den Kopf gestellt, jedes Logis gründlich überholt. Von den drei Schinken keine Spur. Da will das Unglück, daß man in Willis Abfalleimer eine Schwarte findet. Aber Willi hält so dicht wie eine Schiffswand. Jahre später trifft er den Kapitän in der Hochbahn und sagt: „Weest, wo de west sünd? In dat Lock vör den Klüwerboom." Da konnte auch der Kapitän nur noch lachen.

Als Matrose hat Willi lange auf der Bark „Antuco" gefahren, dem Schwesterschiff der „Maipo", beide in der Reederei Weber und Schuldt, deren Zeichen WS man als „wenig Schnaps" deutete. Die Reisen mit der „Antuco" gingen meist rund um den Globus, einmal 26 Monate lang immer hin und her zwischen Südamerika und Australien, mit Kohlen auf Ecuador, mit Ballast nach Newcastle. Am Ende hieß es immer: Falmouth for order. Da gab es dann neue Aufträge.

Das Schlimmste auf so langen Reisen war, daß der Tabak zu Ende ging. Tabak

32

war auch immer das erste, das die Schlepper vor Falmouth an Bord warfen. Bloß Willis Pfeife ging nie aus. Aber keiner wußte, daß er schon lange bei seiner Seegras= Matratze angefangen hatte. Ja, damals war die Seefahrt noch christlich.

Als er wieder einmal mit der „Antuco" in Newcastle lag, ging er an Land und hat erstmal ordentlich einen genommen. Vertragen konnte man ja nix. Ein baumlanger Policeman kriegte ihn noch und zog mit ihm ab, als ihnen gerade einige von der Heilsarmee entgegenkamen. Denen schob er Willi wortlos zu und war ihn los. Bei der Heilsarmee fand Willi alles ganz famos, vor allem waren die Abende so gemütlich. Über Tag mußte er mit der großen Bumstrommel loszie= hen und der Musik den gehörigen Nachdruck geben. Noten kriegte er nicht, hätte er auch sowieso nicht lesen können. Er brauchte nur zum Dirigenten zu kucken. Ümmer wenn mi de Ka= pellmeister mit de Ogen toplinkte, denn geew ick em een. „Jesus, he is the Lord of the world". Dat güng so mit Swung.

Wie er am nächsten Sonntag wieder seine fromme Bumsmusik macht, kommen doch wahrhaftig ein paar Matrosen von der „Antuco". Ein Blankeneser entdeckt ihn hinter seiner großen Trommel, die er sich vors Gesicht hält, und ruft: „Dor steiht he jo!" Na, dat geew en bannigen Krach bi den Ollen. Man bald so luut as min Bumstrommel. —

Wenige Wochen nachdem Willi Raupert seine Geschichten von großer Fahrt erzählt hatte, mußte er seine letzte Fahrt antreten.

Drei Vieten auf Landgang

Johannes Tamcke erzählt: Das war 1907. Wir lagen mit unserem Dreimastschoner „Maipo" in Tocopilla auf Reede. Da ging ich mit zwei anderen Vieten an Land. Einer von denen war Ove, der hatte immer einen Revolver in der Weste. Er schoß so gern. Was wollen wir denn mal anstellen? „Dat Mäken, dat uns alle dree gefällt, dat lopt wi no, egol, wo de hen lopt." Schon taucht eine auf, die die Bedingung erfüllt, und verschwindet wieder in einer Wellblechbaracke. Wi achterran.

Drinnen saß ihr Vater. Der war so'ne Art Fuhrmann und sagte: Nehmt Platz. Das hört man gern. Aber das Mädchen kam nur zum Vorschein, wenn es Vino brachte. Also bestellten wir Vino tinto und noch mal Vino tinto, bis uns die Zunge schwer wurde. Beim letzten Mal steckte sie jedem von uns eine Blume ins Knopfloch. Weiß der Deubel, wo sie die her hatte. Selig zogen wir los.

Wie wir so gemütlich eingehakt und mit Gesang zum Steg marschieren, da steht, wie vom Himmel gefallen, ein Polizist vor uns. Der nimmt erstmal Ove seine Blume weg. „Giff mi de Bloom oder ick scheet di doot," rief Ove und fummelte aus der Weste seinen Revolver heraus, der in Segeltuch eingewickelt war. Der Polizist das Ding sehen und nix wie weg.

Wie wir drei Friedlichen schon am Steg sind, wo Wulf Krüger mit dem Boot wartet, jachtern doch mit einem Mal vier berittene Polizisten auf uns los. Sie schreien „Revolvi, Revolvi," und ihre Gäule schnauben uns ganz fürchterlich ins Gesicht. Das wurde uns rein zu viel. „Klar zur Wende". Aber da war ein

Stacheldraht. Wir rüber. Dabei riß Ove sich achtern ein Loch, in die Büx und in den Hintern auch.

Er hatte gelernt: gleich aussaugen. Aber wie? Dat müüt ji moken! Was blieb uns übrig? Büx runter! Und dann saugten wir abwechselnd aus Leibes= kräften das Blut aus Oves Ratsch. Angesichts dieses idyllischen Gruppenbildes trabten die Polizisten grienend ab.

Als der Blankeneser Fischfang zum Erliegen kam, gab es viel Armut im Dorf. Am härtesten wurden die zahlreichen Fischerwitwen getroffen; und doch haben sie ihre Kinder nicht nur durchgebracht, sondern auch noch gut erzogen. Die Winter waren schlimm für sie. Einem Vierjährigen, der in Mählmanns Schup= pen am Strand einen Eimer Kohlen kaufen sollte, wurde entgegnet: Du meenst wol Grus. Natürlich, was auch sonst? Mit 25 Pfund Kohlengrus mußte die Mutter lange auskommen. Die billigsten Kohlen beschaffte Bohn per Boot aus Altona. Alte Frauen trugen für ihn die Säcke in die Häuser der Besteller.

Rätsel
„Wenn he wokt, denn quarkt he; un wenn he slopt, denn snarkt he; wat he meent is richtig; un wat he deiht, is wichtig."

Der Lotse

Kapitänsbriefe

Herrn B. Peeters und Co, Antwerpen   Blankenese, den 29. Nov. 1886

Hiermit die Mittheilung machend, indem daß wir in Bezug unseres Nautic Capt Mählmann seit den 16. August, wo derselbe Lizard passiert, leider ohne Nachricht geblieben, erlaube ich mir in Folge der schon jetzt außergewöhnlich langen Reisedauer die höfliche Anfrage, ob Sie vielleicht etwas über den Verbleib des Schiffes oder dessen Ankunft in Colon in Erfahrung gebracht; widrigenfalls dürfte es Sie nicht schwer fallen, beim Ablader Erkundigungen einzuzie= hen und bitte ich um gütige Mittheilung derselben.

Mit freundlichem Gruß ergebenst
H. Dreyer

Ich, Unterzeichneter Führer des Schiffes, befahl am heutigen Morgen den 4. ten Dezember dem Koch Jensen die Aufwasch-Spüte nach der Lee-Seite zu neh= men und anstatt nach der Luv-Seite an die Lee-Seite seine schmutzigen Sa= chen zu reinigen, wie es Schiffsgebrauch ist. Ich habe ihn dieses schon mehrere Male im Guten gesagt, doch ohne Erfolg. Ich redete ihn, wie gewöhnlich mit Du an, worauf er mir drohte, falls ich noch einmal Du zu ihm sagen, er auch zu mir Du sagen würde. Um weiteren solch maßlosen Ausschreitungen ge= gen die erforderliche Disziplin vorzubeugen, sehe ich mich genöthigt zu stra= fen, und beantrage bei der hochlöb. Musterungsbehörde, wenigstens 1 Monat Heuer-Abzug. Ich habe noch hinzuzufügen, daß ben. P. Jensen, alt 19 Jahr, gemustert für M. 55 pr. Mt. schon während der ganzen Reise ab Hamburg mehr oder weniger meinen Befehlen zuwider gehandelt und sich impertinent seinen Vorgesetzten gegenüber betragen hat.

Wo Brahms einlogiert war

6 Generationen auf See
Ein Ast des Stammbaums
Schade

Christopher
~1670 – ~1720
Dragoner in Oberstleut=
nant Woldenbergs Kom-
panie. 1706 Blankeneser
Bauernvogt

Joachim
1699 – ~1762

Joachim
1735 – 1801
Fischer

Hans
1782 – ~1832
Fischer

Peter
1822 – 1870
Kapitän

Julius
1866 – 1948
Lotse

Peter
1899
Lotse

Joachim
1932
Lotse

In Blankenese war es gang und gäbe, im Sommer ein Zimmer zu vermieten, an „Inloschierers" aus „frömden Natschonen", zu denen auch die Hamburger gerechnet wurden. Einer von diesen hieß Johannes Brahms, der nach seinem 30. Geburtstag im Som= mer 1863 in Blankenese wohnte, sehr wahrscheinlich in diesem Haus Brandtsweg 3, das damals Joachim Schade gehörte. Dort erhielt Brahms das schicksalsschwere Telegramm, das ihn zum Chormeister der Wiener Singakademie berief. Schade!

37

JULIUS VON BLANKENESE · CAP. P. LANGE.

Über dem Sofa des Blankeneser Cap Horniers Julius Lange hängt ein großes Gemälde des Schoners „Julius Lange". Damit hat es eine eigene Bewandtnis.

1924 fuhr Julius Lange als 2. Offizier auf der „Otto Hugo Stinnes" nach Brasilien. Als er in Bahia an Land ging, wurde er von einigen Mönchen, die mit an Bord gewesen waren, zur Besichtigung ihres Klosters eingeladen. Anschließend ging man auf den Friedhof, wo sie ihm das Grab eines Landsmannes zeigen wollten.

Da fuhr ihm denn doch ein gewaltiger Schrecken in die Knochen. Denn auf dem Grabstein las er: „Hier ruht Julius Lange aus Blankenese". Als er sich rings beklopft und sein Vorhandensein überprüft hatte, dämmerte ihm die vergessene Geschichte eines Großonkels, der nach Übersee gegangen und dort gestorben war.

Er besann sich. Ja, so war es. Vor langer Zeit hatte der Schiffer Peter Lange seinen Schoner nach seinem Sohn Julius genannt. Er selbst war mit dem Schoner verschollen. Und der Sohn lag weiß Gott hier.

Der Cap Hornier nimmt das Bild von der Wand. Auf der Rückseite ist es signiert: Amsterdam 1840. Ein schönes Bild, ein schönes Schiff und eine gespenstische Erinnerung.

Taucher Harmstorf

Friedrich Matthias Harmstorf wurde 1838 in Finkenwerder geboren und lernte Schiffszimmerei. Dabei entdeckte er die 16jährige Elisabeth Dobbert, deren Eltern das Crantzhaus am Brook in Hamburg verwalteten, das Heim der Schiffszimmerleute. Am Brook lag auch die Werft des Engländers John Marbs, dem ein Schiff beim Stapellauf absoff. Sofort schoß es dem jungen Harmstorf durch den Kopf: einen Taucheranzug und eine Pumpe von den Engländern leihen, die eben in Blankenese die Wasserwerke angelegt haben, und das Schiff heben. Kaum hatte er das alles zustande gebracht, verkündete er: „Ick ward Düker."

Der erste Taucher Deutschlands wohnte mit seiner jungen Frau Elisabeth so hübsch im Falkental, daß sie ihr Strohdachhaus immer voll Gäste hatten. „Das ist ja rein wie im Hotel", rief Elisabeth. „Dann können wir man gleich eins bauen und lassen uns das Essen bezahlen." So entstand 1882 das große Gasthaus, das heute als Wohnhaus benutzt wird.

Elisabeth sorgte für die Küche. Bis zu 6000 Portionen wurden an schönen Sommertagen ausgegeben. Vom Strand bis halb hinauf zum Bismarckstein standen die Tische. Eine eigene Brücke erlaubte kostenloses Anlegen der Dampfer. Kapellmeister Ludewig aus Harburg, einstiger Husar, leitete eine uniformierte Kapelle, die man für 30 Pfennig bewundern konnte.

Friedrich Matthias hatte den Mühlenbach zum Teich gestaut und eine Insel darin geschaffen, darauf ein Haus. Vor dieser Szene bot er verblüffende Attraktionen. Auf eine große Leinwand wurde das „erste Freilichtkino der Welt" projiziert, auf dem Teich gab es Feuerwerk und Seeschlachten, über den Teich hinweg tanzte Donna Eroina auf dem Seil und buk in schwindliger Höhe Pfannkuchen, die sie, zwischen Tisch und Stuhl balancierend, genießerisch verspeiste.

Der erste Taucher Deutschlands lebte vom Malheur der Schiffer, natürlich. Aber das Schicksal kam ihm mächtig zu Hilfe. Der erste Alsterdampfer war bei seiner

Probefahrt mitsamt den Senatoren auf Grund gelaufen und leck gesprungen.
Als Friedrich Matthias ihn gehoben hatte, besann sich der Senat auf Friedrich
Schiller. "Wer mir den Dampfer kann wiederzeigen, er mag ihn behalten, er sei sein
eigen." So kam der Taucher zu seinem ersten Bergungsschiff.

Als er den englischen Dampfer "Alnwick Castle" hob, erhielt er ein Telegramm:
"Ein gesundes Knäblein geboren". "Das soll Alnwick heißen", sagte er, und so geschah
es. Daraus machte er eine liebe Gewohnheit und nannte auch die folgenden Kinder
nach den Schiffen, die er gerade gehoben hatte: Wega, Ella, Ottar und Cesar. Sogar
auf die Enkel haben sich diese Namen noch vererbt.

Längst hat sich die Dynastie Harmstorf in mehrere Linien und Betriebe veräs-
stelt. Aber immer noch finden wir vor dem Haus des Urgroßvaters das Wrack eines
aus Holz gebauten finnischen Viermasters, inzwischen bewachsen, das nach dem
1. Weltkrieg an Land gezogen wurde, und die Zementblöcke aus den Holzfässern
eines untergegangenen Engländers, die im Wasser zu Stein wurden. Schon Friedrich Matthias Harmstorf hat sie geborgen und als Mauer am Ufer aufgereiht.

5. Mai
1973
H. H.
Strand bei Harmstorf

Hotel zum Falkenthal,

Blankenese.

2. Landungsbrücke.   Kein Brückengeld

Telephon Nr. 5.

Mittwoch, den 1. August d. J.

Grosses Militär-Concert,

ausgeführt vom ganzen Musikchor d. Füsilierbataillons des 1. Hanseatische Infanterie-Regiments Nr. 75. Director Herr Krause.

7 Uhr:

Taucher-Experimente.

Großes Pracht- und Kunstfeuerwerk.

Entree 30 Pfg., Kinder die Hälfte.

F. M. Harmstorf.

Nach Schluß des Concerts und Feuerwerks fahren Stader Dampfboote nach Stade und Hamburg mit allen Zwischenstationen.

Alnwick leert die Flasche

Das kann jeder. Auch unter Wasser? Das konnte nur Alnwick Harmstorf, der das Unternehmen seines Vaters übernahm, nachdem sein jüngerer Bruder Ottar eine Bootswerft begründet hatte und sein älterer Bruder im ersten Weltkrieg vor Libau als Taucher ertrunken war.

Alnwick war ein Schlaukopf, der 70 Patente angemeldet hatte. Er verstand nicht nur fremde Schiffe zu heben, sondern auch seinen eigenen Betrieb in schlechten Zeiten über Wasser zu halten. Dann kam es vor, daß er sich bei Nebel mit seinen Gesellen auf Horchposten begab. Sollte nicht mal die Kette eines ankernden Schiffes reißen? „Da, dor riet wat!" Die Gesellen machten das Boot klar, Alnwick stürzte in die Küche, riß den vollen Topf vom Herd und brachte ihn an Bord. Ankerfischen bei Nebel kann lange dauern.

Seine Glanzstücke lieferte er beim Schautauchen, zunächst unter Militärmusik im Bassin seines Etablissements im Falkental, später auch in der „Flora" am Schulterblatt. Man sah ihn mit einer vollen Flasche im Wasser verschwinden und mit einer leeren wieder auftauchen, den Daumen auf der Öffnung. Alles staunte, und mit Recht. Niemand kannte seinen Trick: die aus der rechten Seite des Helms austretende Luft so in die Flasche hinein zu praktizieren, daß sie das Wasser herausdrückte.

Mit einer solchen Schauvorstellung gelangte er zu unerwünschter Berühmtheit. Als er seine Künste einmal in der Elbe vor den Blankeneser Realgymnasiasten vorführte, die darüber natürlich einen Aufsatz schreiben mußten, fand man in der Zeitung einen Schülerpassus abgedruckt, der ihm bös mißfiel: „Der Taucher Harmstorf hat hinten ein Ventil, wo er von Zeit zu Zeit schlechte Luft abläßt."

Cap Horniers

Wir sind die Letzten der Segelschiffszeit,
die letzten Männer vom Kap.
Wenn die Stunde uns schlägt, dann ist es soweit,
sinkt unsre Epoche ins Grab.

Der Albatros nur und der Malamok
ziehn einsam jetzt dort ihre Bahn,
und wir alten Cape Horners sitzen beim Grog
und denken mit Wehmut daran.

Karl Meyer

Sie bilden den exclusivsten Club der Welt: die Kapitäne, die auf Segelschiffen um Kap Horn gefahren sind. 1938 gründeten die Franzosen in St. Malo die freund= schaftsvereinigung der Cap Horniers. Damals fuhren gerade die letzten deutschen Segel= schiffe um das brüllende Kap: die Viermastbarken „Padua" und „Priwall" der Hamburger Laeisz-Reederei. Seit 1953 gibt es auch eine deutsche Sektion des Clubs.

Da aber naturgemäß diese letzten Wikinger aussterben, wurden auch solche Kapitäne zugelassen, die das Kap der Orkane als Steuermann oder vor dem Mast, also im Mannschaftsstand, umrundet hatten. Die feinen Unterschiede sind an der Flagge zu erkennen, die sie in ihrem Garten geheißt haben. Die einstigen Kapitäne zeigen im Ring „ACLC Malo" den Kopf eines Albatros, die andern begnügen sich mit dem Malamok.

Jeden Sonntag vormittag um halb elf trafen sich die Albatrosse und Malamoks von Blankenese auf dem Bull'n. Seitdem dieser ausgewechselt wurde, finden sie sich im gemütlichen Schifferhaus unter den Schiffsbildern ein. Ihre Frauen, Kap-Tauben tituliert, bleiben wie am Kap, so beim Stammtisch zu Hause. Vor hundert Jahren hätte man ihnen den Platz nicht verweigern können. Da fuhr manche Kapitänsfrau gleich nach der Hochzeit mit ihrem Mann auf dessen Schiff, oft jahrelang. F.F. Breck= woldts frau hat ihren Mann auf seiner „flora" sogar um das Kap Horn begleitet, und das viermal.

In der Blankeneser Stammtischrunde hält Georg Bohn den Rekord mit zehn fahrten um das berüchtigte Kap. Mancher hat Wochen gegen die Stürme kreuzen müssen, um im Zickzackkurs von 50 Süd/Ost nach 50 Süd/West zu gelangen, wo ihn die vielgerühmte Stille des Pacific empfing. Den absoluten Gipfel dürfte der verstorbene Blankeneser Robert Hilgendorf innehaben. Mit seiner „Potosi" hat er 66 mal das Kap gerundet. Grund genug, zu Ehren von Schiff und Kapitän zwei Straßen in Blankenese nach ihnen zu benennen.

Und natürlich ist auch Ernst-Fürgen Koch, der von 1964 bis 1967 mit seiner frau die Welt umsegelt hat, ein Blankeneser Fung.

Kapitänsmalerei wird von Kennern hochgeschätzt. Kapitänspoesie ist seltener. Hier eine Probe aus der feder eines Blankeneser Cap Horniers.

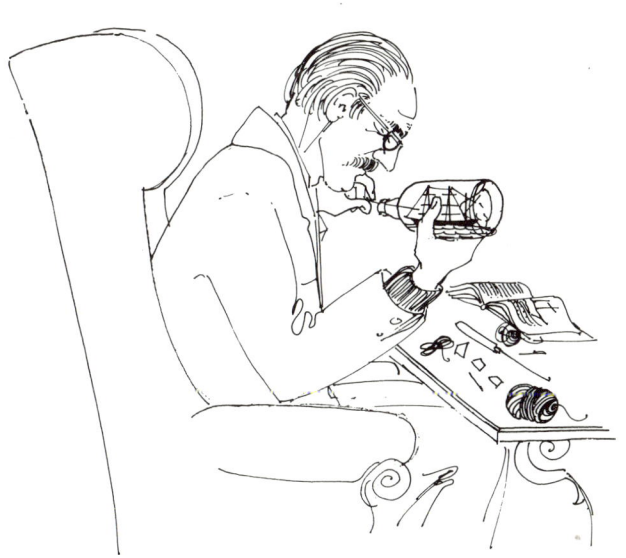

Käm man endlich an den Horn
Juli Monat oder Loter,
Rasmus tämlich wär in Zorn,
un dat Schipp stünn unner Woter.

Un en Kohstorm weiht dor nern
stick in Steben West-Süd-West,
Slag op Slag dor rum to krüzen.
feder däh wohl denn sin best.

Wär man free denn von den Horn,
Backstagbris no boben rop,
föhl man sik wi nee geborn
mit den Royals hoch in Top.

Julius Schade

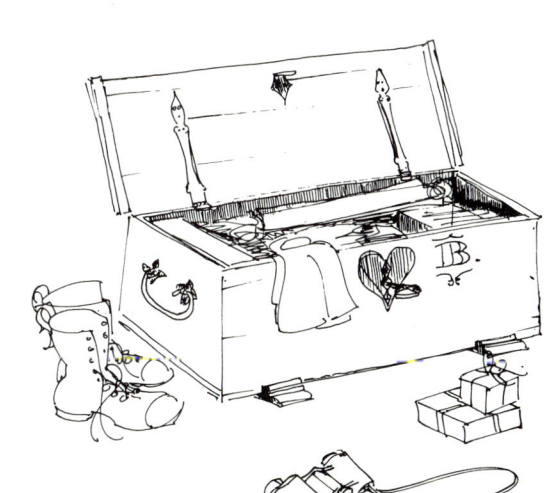

Sonntags von 11–13 Uhr
im Schifferhaus
Blankenese

Mehr ging nicht
drauf!

Amicale Internationale des Capitaines au long-cours
A·I·C·H·
ST·MALO
Cap Horniers

GOLD N°9

Frühjahr 1973
H. Hudemann

Stürmann Annaliese

Unter den Blankeneser Steuerleuten war auch eine Frau: Annaliese Teetz, geb. Sparbier. Man brauchte sie nur flüchtig zu sehen, dann wußte man: die nimmt es mit jedem Mann auf. Sie hatte selbst einen. Eben Herrn Teetz. Der fuhr auch zur See, aber nicht mit ihr zusammen, sondern auf einem Kümo. Eines Tages dampft Annaliese auf der „Mülheim/Ruhr" arglos durch den Kanal, da sieht man einen Kümo aufkommen. „Dat is doch Annaliese ehr Mann?" Wahrhaftig. Die ganze Besatzung steht an Backbord und kuckt zum Kümo hinüber und zu Annalieses Mann. „Mensch, dat weer Teetz mit sin Kümo. Wi hebbt em dütlich sehn. Wat seggt denn uns Annaliese nu? Wo is se öberhaupt? De harr Freiwache un sleep ünner Deck. De harrn wi doch rein vergeeten." Dat vertellt Heini Eggert un ok dat:

Annaliese fuhr damals als Zweiter. Eines Morgens schießt sie die Sonne und meldet ihre Peilung dem Kapitän. „Timmermann, lot falln beide Anker", ruft der, „wi sünd midden in de Sahara!"

Mercator

Heuer im Jahre 1886
Verzeichnis der monatlichen Betriebskosten an Gage der Bark „Mercator" Capt. Breckwoldt, Unterscheidungssignal LFTH

Capitain M 133.-	5 Matrosen à M 50.-	M 250.-
1. Steuermann M 100.-	Matrose 2. Klasse	M 43.-
2. Steuermann M 70.-	Leichtmatrose	M 36.-
Koch und Steward M 75.-	"	M 30.-
Zimmermann M 50.-	"	M 27.-
	2 Jungen à M 12.-	M 24.-

Käptn Dreyer bei den Kannibalen

Lieber Vetter Wagner und Frau Cousine!   5. Mai 1887

Am 16. November verließen wir Auckland und kamen nach einer 28 tägi=
gen Reise nach Mioko. Die beiden Herren von der Agentur kamen an Bord und
nach den üblichen Redensarten fragten sie mich, wo denn meine Waffenkam=
mer wär? Ich sagte: Waffenkammer? Wozu? ich dächte, etwaige feindliche
Angriffe ließen sich wohl mit einer Handspake abweisen, überdies sind es ja
unsere Landsleute, sind ja Deutsche im ganzen Bismarck Archipelen. Sie sagten:
Na hören Sie mal Capitain, das nenn ich aber höchst leichtsinnig und un=
vorsichtig, in diesen Gewässern ohne Waffen zu fahren. Nun ging die Er=
zählung der Menschenfresserei los! Von unseren Schiffen sind in der letzten
Zeit drei genommen und so viele englische Schiffe. Die Schiffe geplündert, ver=
nichtet und die ganze Mannschaft zum Frühstück verzehrt, das Kriegsschiff
Adler ist gegenwärtig aus, um die Kerls zu strafen, hat aber außer Verbren=
nung ihrer Hütten nichts machen können, indem die Kerle alle im Busch land=
einwärts gelaufen sind.

Nach dieser gerade nicht angenehmen Erzählung erhielt ich von dieselben
Leute kurz darauf die Instruction, von diesen Menschenfressern 180 bis 200
nach Apia zu bringen als Arbeiter auf den dortigen Plantagen. Lt. Depesche
von Hamburg hatte ich diese Instruction zu befolgen, ich konnte mich nicht
weigern. Bei mir selbst dachte ich: der Mensch muß doch so lange lernen wie
er lebt, und was nicht alles aus ihm werden kann. Zu Hause warst du Korrespon=
denzrheder, Gemeindevertreter, Wege=Aufseher etc, und nun bist du factisch
zum Sklaven=Fahrer degradiert oder avanciert.

Einer von den kleinen Jungen ist sozusagen mein Majordoma, der wischt,
putzt und arbeitet den ganzen Tag in der Kajüte herum, steckt mir die Pfeife

an u.s.w. Wie ich mich gestern in meiner Kammer badete, mußte er mir den Rücken waschen, wobei er meinen Finger im Mund nahm und darauf biß, ich sagte, was soll das? Er sagte in Canackersprache: Oh, dein Fleisch würde schön schmecken. Seid ihr in Malayta denn auch Menschenfresser? hast du schon mal Menschenfleisch gegessen? Oh, viel, sagte er, aber Canacker-Fleisch, dein Fleisch würde besser schmecken, dabei strich er mir übern Rücken. Ich fragte, wie macht ihr es denn, wenn ihr einen Canacker schlachtet? Wird über die Kehle geschnitten, bei den Beinen aufgehängt, ausgenommen, Kopf, Hände und Füße weggeworfen, alles Übrige wird mit Jams geröstet. Daß diese Eigenschaft verabscheuungswürdig ist, haben diese Menschen keine Ahnung von, sie thun es, als wenn wir ein Huhn schlachten.

Als Johannes Tamcke 1905 die Schule am Kahlkamp verließ, ging er zur See. Das gleiche taten zehn von den 25 seines Fahrgangs. Manch einer von diesen 15-jährigen Jungens sah sein Elternhaus erst als 18-jähriger wieder. Als Kinder fuhren sie hinaus, als Männer kamen sie zurück, um sich in die Bänke der Steuermannschule zu zwängen.

   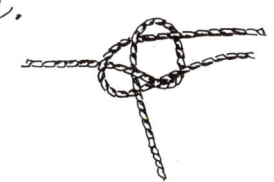

Die Blankeneser waren auf den Geschmack gekommen: Lotse sein ist der Himmel auf Erden. Aber Lotse werden ist eine schwierige Kunst. Erst einmal ließ die Oevelgönne – Neumühlener Lotsen-Brüderschaft überhaupt nur zehn Blankeneser als ordentliche Mitglieder zu, worauf sich 22 Bewerber meldeten, darunter sieben Breckwoldts. Damals war jeder dritte Blankeneser ein Breckwoldt, Nachfahre derer, die einstmals auf dem Süllberg den Wald gebrochen hatten. Einer der Breckwoldts wurde bestallt. Zwar hatte er ebensowenig wie die andern jemals eine Prüfung gemacht; aber er war wenigstens mit großen Schiffen im Mittelmeer gewesen.

Später wurde die Laufbahn geregelt. Nur wer mehrere Fahre als Kapitän gefahren hatte und nicht über 36 Fahre zählte, konnte beim Ausscheiden eines Vordermanns nachrücken. Manch einer, der auf dieses Alter losging, versuchte einen Vordermann auszukaufen, um dessen Stelle zu bekommen. Vorbedingung war und blieb aber, daß man in Blankenese gebürtig und wohnhaft war und daß man sich beim Lotsenbüro früh genug hatte einschreiben lassen, d.h. gleich nach der Konfirmation.

Ganz Schlaue ließen sich in Blankenese als Elblotse und in Cuxhaven als Seelotse gleichzeitig einschreiben. Einer von denen hatte trotzdem keine Aussichten, weil er kein Kapitänspatent vorweisen konnte. Dafür hatte er eine Frau, die ebenso sparsam wie resolut war. Sie pflegte mit ihren Besuchern ins Café zu gehen, damit ihr Geschirr nicht schmutzig wurde.

Und wie auch immer – sie sorgte in Cuxhaven dafür, daß ihr Mann Seelotse wurde. Sowas macht jede liebende Frau. Später wurde ihr Mann sogar Ältermann. Und das ging ohne ihre Hilfe, soweit man weiß.

Wiederum kam es auch vor, daß es an berechtigten Anwärtern fehlte, wenn Stellen frei wurden. In solchem Falle hat einmal der Lotsenobmann Jochen Oestmann aus eigener Vollmacht drei Blankeneser Fischer, die kein Patent besaßen, zu Lotsen bestallt. Einer von denen, bisher Besitzer eines Kutters, nunmehr schlagartig zum Lotsen erhoben, kam nach Haus, wo eben zur Mittagszeit die Bratkartoffelpfanne für alle auf dem Tisch stand. „De Pann vun'n Disch!" rief er. „Wi sünd nu Lüd vun Stand!"

Viele Blankeneser hören auf den Vornamen Viet. Bei den Breckwoldts ist er geradezu erblich. Da die Breckwoldts das herrschende Geschlecht der Blankeneser abgaben, hießen die Blankeneser auch auswärts die Vieten. Eines Tages stehen zwei von ihnen in London vor einem Schaufenster, als ein Straßenreiniger hinter ihnen entlang fegt und sagt: „Mind your feet". Da staunen die beiden aber doch: „Wovun weet de, dat wi Blankneser sünd?"

Bei Madsen

Janotte hieß der Kutscher, der mit seinem Gaul vor dem Blankeneser Bahnhof auf Kundschaft wartete. Wenn die Fischer mit viel Geld von Altona ankamen, stiegen sie bei Janotte in die Kutsche. „Man no'n Westend!" Da waren sie zu Hause. Zuckel-zuckel trapste Liese die Elbstraße runter, bis zu der scharfen Kehre bei Madsen. Da mußte Janotte im Schritt backbords um die Ecke lavieren. Und in dem Augenblick waren die Fischer auch schon steuerbords aus der Kutsche raus und bei Hannes Madsen rein und erstmal ordentlich einen in'n Hals.

Das war noch ne Wirtschaft im Kaiser-Wilhelm-Stil, mit leder-bezogenen Boxen. Auch hatte Hannes etwas Hochbesonderes: einen Elektrisierapparat. Urgemütlich war es bei ihm: mancher Gast kam in Pampuschen. Hannes war von der alten Schule. Anschreiben tat er mit Griffel auf Tafel und später, als es mit dem Sehen nicht mehr so wollte, mit Kreide auf der Theke, in Ziffern so groß wie auf der Turmuhr. Mit 85 wurde er mal überfahren - und das in Blankenese. Aber davon hat er sich ganz fein wieder erholt. Noch mit 93 Jahren stand er jeden Tag hinter der Tonbank. Dann übernahm seine Tochter die Wirtschaft und führte sie bis 1964. Heute nennt sich das Lokal „Zum Pfahlewer". Und statt Janottes Kutsche nimmt ein Kleinbus die Spitzkehre nach Backbord.

Blankeneser Bergziege

Görenkrom

Ernst Jansen war auch so ne Wollhandkrabbe. He harr ümmer Kreienschiet in Kopp und dachte: du mußt ja auch mal auf eigenen Füßen schippern. Er holt sich eine Heringstonne, klettert hinein, wartet so lange, bis das auflaufende Wasser ihn trägt, und paddelt mit zwei Brettern los. Ehe er sich's versieht, ist er schon im Fährwasser. Zwei ältere Fischer machen ein Boot flott, kriegen Ernst zu fassen und bringen ihn an Land, ohne Bretter und Tonne. Erstmal wird er fix versohlt von den beiden Zausters, und dann sagen sie: So, Diogenes, nu go man no Hus!

Hannes Blankau hatte als Junge eine wiegende Gangart. Er „strattete". „Hannes, du schass nich stratten," hieß es immer wieder. Eines Morgens ruft Hannes: „Mudder, giff mi'n Pannkoken, oder ick stratt."

Zwei alte Kapitäne pendeln auf dem Strandweg hin und her, sie „scheiern". Heini Eggert und seine Schwester pürschen sich heran. „Guten Morgen, Onkel Hannes." „Sünd ji all opstohn?" sagt der Onkel. „Hier hebbt ji'n Groschen." Eine halbe Stunde später: „Guten Morgen, Onkel Hannes", mit dem gleichen Erfolg. Als sie aber Onkel Hannes ein drittes Mal ansteuern, legt sich der andere Alte dazwischen: „De sünd doch all twee mol hierwest, un du wult doch noch 'n Grog för mi utgewen."

BREMERS WEG
(SCHLEIFERS HAUS) '73
C. SCHULTZ-HUDEMANN

Treppauf, treppab

Ein Spinnennetz, vorsichtig zwischen zwei Hügeln in eine Schlucht gebettet: das sind die Blankeneser Wege von Haus zu Haus. Kaum einer davon heißt Straße. Dazu ist auch kein Anlaß. Allenfalls bei der Hauptstraße, die sich in langer Schleife durch den Ort bis zum Strom hinunterschlängelt und darum früher Elbstraße hieß. Zwischen Sagebiel und dem Eiland war ihr vornehmstes Stück; das nannte man den Papenschnitt von Blankenese.

Alles andere besteht aus Treppen und ihren Querverbindungen. Und was für Treppen! Baurs Weg, die "Hexentreppe", hat 203 Stufen. Die steile Schlucht des "Grund", der "Quälberg", "Am Abhang", die "Rutsch", – die Namen sprechen für sich.

Manche Treppe war von privater Hand angelegt. Die Sechslingstreppe erinnert sogar noch an den Lohn, den die Anleger für sie bezahlten. Andere tragen den Namen alter Blankeneser Familien: so Oestmanns, Bröers, Schnudts, Schlagemihls, Krögers, Bornholdts, Möllers und Lesemanns Treppe. Nach dem alten Gemeinde=diener Philipp ist der enge Philippsstrom benannt, durch den die Gören bei Regen in Waschbaljen bis zum Strand hinunterschipperten.

Treppauf, treppab winden sich die Fliesenwege zwischen Mauern und Hecken hängender Gärten hindurch, – ein verwirrendes Labyrinth von Häuschen und Lauben unter Obstbäumen für den Fremden, ein heimeliges Über= und Beieinander von Nachbarn und Verwandten für die Einheimischen, ein Paradies von Spielecken und Schlupf=winkeln für die Kinder, ein Idyll von Efeu und Liguster neben der Gartenbank für die Alten, die auf den Strom kucken, – bei Tage, wenn hinter den großen Pötten die Sonne aus den Wellen blinkt, und bei Nacht, wenn die kleinen Fähr=dampfer auf goldenen Zitterbeinen über die dunkle Flut krabbeln.

Dorf und Haus

Osterweg
Nr 13 und Nr. 11

Blankenese war lange ein Dorf. Auch noch als es schon ein paar Tausend Einwohner hatte. Alles duzte sich; denn jeder war mit jedem verwandt. Als Gemeindevorsteher wirkte der einstige Kapitän Hans Lange. Er unterschrieb die Steuerzettel in Friedrichs "Fernsicht" mit der Gänsefeder. Wenn er bettmüde war und die Tanzmusik bei Kröger ins Tal scholl, schickte er den einzigen Ortspolizisten und Gemeindediener Karl August Philipp hinauf, der mitten im Saal verkündete: "Hans Lange hat Feierabend geboten." Es waren patriarchalisch-familiäre Verhältnisse.

Schon hatten sich entlang der Hauptstraße unschöne Etagenhäuser in das Dorf hineingeschoben. Aber noch überwogen die schmucken Häuschen an den Treppenstiegen, unter denen noch heute manches alte Fischerhaus das Auge auf sich zieht, am Hang und in der Rutsch, auf der Elbterrasse und im Krumdal, im Osterweg und im Mühlenberg und besonders in der Panzerstraße, wo sie von den großen Bränden verschont blieben.

TRANFUNZEL

So ein Fischerhaus beschränkt sich auf das Nötigste: einen Wohnraum, die Döns mit Alkoven=bett, eine Diele, auf der die Netze an Haken oder Ständern auf=gehängt werden können, und manchmal über der Döns noch einen „Sahl". Die meisten sind als Tweehus, also für zwei Fa=milien errichtet, die die Diele ge=meinsam benutz=ten. Das abgewalm=te Reetdach haben sie mit dem Bauern=haus gemein; aber die Fischer strichen nicht nur Türen und Fenster an, sondern auch das Fachwerk, grün oder weiß.

Im Sonnenschein liegt so ein Häuschen recht freundlich da. Bei Nacht aller=dings blieb man am liebsten drinnen. Straßenbeleuchtung gab es noch nicht. Statt dessen bekam jede Blankeneserin bei der Hochzeit eine Petroleumlampe geschenkt. Das war auch nötig.

Rutsch Nr. 1

Dockenhuden

Der Wahrheit die Ehre: was heute Blankenese heißt, hieß im 15. Jahrhundert Docken=huden. Blankenese war damals nur die Fährstelle mit acht Einwohnern. Als deren Weiden auf dem Blankenbrook vom Strom überspült und schließlich weggerissen wur=den, überließen sie ihre Hütten den ersten Fischern.

Rings um die kleine Fischersiedlung erstreckte sich das Bauerndorf Dockenhu=den, bis zur Marienhöhe und nach Iserbrook. Mit Stolz könnte es - wenn diese Eigen=schaft in seiner Natur läge - auf eine Urkunde von 1219 verweisen, gute 80 Jahre älter als die früheste von Blankenese, und auf die zweite Hälfte seines Namens, wo=nach es einen Hafen oder mindestens einen Landeplatz besaß.

Davon allerdings wußten die Jungens nichts, wenn sie sich über die Sprache der anderen mockierten. In der Tat: die Dockenhu=dener sprachen ein Südholsteiner Platt, die Blankeneser ein Insel Platt, das auch auf Finkenwerder gängig war, wohin man ja damals bei Ostwind und Ebbe noch zu Fuß gelan=gen konnte. Die Elbe war zwei Meter tief.

Am Rande von Dockenhuden lag eine Schlucht die noch heute Mühlenberg heißt. Da tauch=ten schon früh neben der alten Mühle und der Post die ersten Fischer auf: Oest=mann und Krö=ger, Mählmann

und Stehr, von Ehren, Bohn und Breckwoldt – alle versippt mit Blankeneser Fischer=
adel. Aber: die Ärmsten waren Dockenhudener. Deshalb konnten sie weder Lotsen
werden, noch durften sie das Blankeneser Unterscheidungszeichen SB im Segel
führen, Schleswig Blankenese. Ihre Schiffe hießen SM, Schleswig Mühlenberg. Das
deuteten die Blankeneser als „Seine Majestät" und nannten die Mühlenberger deshalb,
mit einer freundlichen Abwandlung des Wortes „Patrioten": „Parajotten".

Der Patriotismus der Dockenhudener war den Blankenesern schon vor der Kaiser=
zeit zuwider. Was hatten die bloß für komische Wünsche nach schleswig-holstei=
nischer Selbständigkeit! Die Blankeneser fühlten sich ganz wohl unter dem Dane=
brog und gierten nicht nach Befreiung. Als diese dann kam, wurden sie allesamt
nicht holsteinisch, sondern preußisch. Das hatte man davon.

Inzwischen war es bergauf und bergab gegangen, in beiden Orten. Die Bauern,
durch Einquartierung fremder Truppen ruiniert, verkauften ihr Land an die
Städter. Die Fischer, in den napoleonischen Jahren um ihre Fang- und Absatzplätze
gebracht, entwickelten sich zu Seefahrern. Als diese der dampfenden Konkurrenz
erlagen, schufen Hamburger Kaufleute in Dockenhuden ihre Parks.

Schließlich schlossen sich die beiden Rivalen zusammen, 1918, unter dem Na=
men Blankenese. Damit verschwand Dockenhuden aus der Geschichte. Nun
waren die beiden Orte „up ewig ungedeelt", was kein Christian zu beschwören
brauchte. Ungedeelt sanken sie 1927 in Max Brauers Arme, die er, auf dem
Elbponton schwankend, nach ihnen ausbreitete, mit den Worten: „All min."
Gemeinsam mit Groß-Altona, das zur Stadt der Parks avanciert war, wurden
sie 1937 von Hamburg geschluckt, das ihre Geschichte seit Jahrhunderten be=
stimmt hatte, im Nehmen und Geben. Nun erfüllte sich der stolze Schnack
der alten Fischer: „Hamburg liegt bei Blankenese."

Angst und Wonne

An Ängsten war kein Mangel. In mein Erwachen drang das Gekreisch der Knochenmühle und das Geheul der geschundenen Seelen, das aus den quietschenden Baggern vom fernen Strom herüberscholl. In mein Einschlafen das Fauchen der Rangierlokomotive auf dem nahen Blankeneser Bahnhof, das keuchend anstieg und sich auf dem Gipfel mit böllerndem Gepolter überschlug. Wohl hatte ich für den Poltergeist im Garten eine unfehlbare Falle aus Blockwagen und Harke in den Weg gebaut; aber war man sicher, daß er sich an die Wege hielt?

Tagsüber konnten mich die Gewitter in Schrecken setzen, die mal wieder nicht über die Elbe wollten. Schließlich lag mein Zimmer unter dem Dach.

Hinunter ins Parterre und den Kopf mit geschlossenen Augen in die Schürze von Else, dem dienstbaren Geist, gedrückt, die mich schon auf dem Küchenstuhl erwartete. Bei jedem Blitz rief Else: „Jetzt!" Sogleich begann ich zu zählen und war damit beschäftigt, bis es krachte. Zum Erschrecken blieb keine Zeit; denn schon mußte ich mit 33 malnehmen, um die Entfernung zu ermitteln und, was wichtiger war, das Kommen oder Gehen des Gewitters. Meistens tat es keins von beidem, sondern saß über Stade fest.

Die Wonnen nahm ich als selbstverständlich hin: das Glitschen auf dem Eisenbahnteich, das Rüschen vom Krähenberg auf breiter Bahn zu Tal oder den bös geschlängelten Mühlenberger Weg hinunter bis ins Eis der Elbe hinein, alles mit dem langen Steuerknüppel sicher manövriert. Das Peekern auf den Eisschollen war mir verleidet, seitdem ich Hans Meßmer mit seiner Scholle abtreiben und nach meinem Vater um Hilfe schreien sah. Ich fand, er hätte gut und gern drauf bleiben können. Aber er kriegte es mit der Angst, sprang ins Wasser, und wir mußten ihn im nächsten Haus trocken reiben.

60

Die Sommerfreuden: die tiefen Sprünge in den Kiesgruben und das Herum=
streifen in der "Kleinen Heide" entlang der Sülldorfer Bahn. Und immer wieder
der Strand unter Baurs Park, das Buddeln im Sand, die Dammbauten gegen
die Flut, das Boote-fahren-Lassen und das Waten hinter ihnen her, soweit man
reichen konnte.
   Und von Zeit zu Zeit eine Gipfelfreude: wenn die "Cobra" aus Helgoland kam
und das Wasser tief in den Strom hinein in ihren Sog riß. Da stürzten sich
die ahnungslosen Stadtleute hinterher mit Kind und Kegel, bis sie in der Flanke
von der gewaltigen Heckwelle erschreckt und oft genug erfaßt wurden.
Während mein Vater die Kinderwagen aus dem Wasser zog, weidete ich mich
am Angstgeschrei und Geplätscher der Überschwemmten. So ist der Mensch-
solange er Kind sein darf.

   Aus einem Reisejournal von 1789: "Hier in Blankenese findet man ohnstreitig
noch die ersten und besten Copien von den starken und groben Körpergebäuden
unserer Vorfahren zu den Zeiten Herrmanns und Carls des Großen. Der hiesige Men=
schenschlag mißt nicht allein sehr stark in die Höhe, sondern auch in die Breite,
und es möchte einem beynahe bange werden, wenn man solch einem schwer=
fälligen, starkknochigen Menschengebäude begegnet."

Am Strand

Ostermond
am Knüll

Von der Bost bis zum Falkental, das ganze Blankeneser Ufer entlang, reichte – in glücklicher Vergangenheit – der Strand, von jeder höheren Flut blank gewaschen. Schuhe aus und den trockenen Sand zwischen den Zehen und zwischen den Fingern rinnen lassen oder mit dem wassernahen, feuchten immer neue Gebilde formen, die von der auflaufenden Flut umspült und fortgewaschen werden. Gestaltung, Umgestaltung – schon die Kinder lernen es hier.

Bei Niedrigwasser lockten die Stacks zum Klettern und Rutschen auf den glitschigen Steinen. Mancherlei Strandgut trat aus dem Schlick. Von der alten Vorschrift „Je ein Drittel dem dänischen König, dem Eigentümer und dem Berger" wußten wir nichts. Was hätte auch der König mit einem alten Stiefel und einer Flasche voll Sand groß anfangen können!

Wirklich wertvoll waren Holzstücke jeder Form und ganz besonders Fischkörbe für die Osterfeuer, den „Ostermond", mit dem sich die drei Ortsteile bis heute zu überbieten versuchen. Die Geschichte hallt wider von kühnen Raub= und erbitterten Rachezügen. „De Möhlenberger kummt!" Mancher Blankeneser Junge, der bei diesem Schreckensruf nicht rechtzeitig verschwand, bezahlte das mit einem saftigen Fellvoll.

Neuerdings möchten Umweltschutz-Beflissene den Ostermond abschaffen. Sie hätten sich früher melden sollen, als man den Strand zum Schutz vor der Strömung mit Steinwällen gegen das Wasser abriegelte, bis zu Helms hinunter. Wie sieht er seitdem aus? Freunde, laßt uns schweigen.

Rudern und Wriggen

Noch um die Jahrhundertwende lagen die Ewer und Kutter mit ihren gemütlichen Namen Anna, Metta, Gesine auf dem Sand. In deren Booten durften die Jungens rudern und wriggen, wenn sie in Rufweite blieben und den Fischer jederzeit mit einem butterweichen Anlegemanöver zu seinem Schiff bringen konnten.

Auch später war der Strand nicht so kahl wie heute. Fünf Anlegebrücken liefen ins Wasser: Dockenhuden, Blankenese, Süllberg, Aust und Harmstorf – jeder hatte eine eigene. Daneben schwammen zwei Badeanstalten und drei Pontons der Bootsvermieter.

Im Westerend lag v. Helms, von wo man mit seiner „Seeschlange" nach Meyers Sand zum Baden übergesetzt werden konnte. In der Ortsmitte, neben dem Strandhotel, lag Breckwoldt, der die Bojen scharf bewachte, an denen die Jollen dümpelten. Unter Baurs Park lag Kühn, der nicht so genau hinsah, wenn die Jungens ihre Kopfsprünge von einem der Segelboote aus machten, die seiner Aufsicht unterstellt waren. Breckwoldt und Kühn tuckerten mit Badelustigen in Barkassen zum Schweinesand

Breckwoldts Ponton wurde inzwischen vom Mühlenberger Segel-Club übernommen und in den Mühlenberger Hafen verholt. Unter Baurs Park finden wir heute den Ponton, den der Blankeneser Segel-Club von den Oevelgönner Brüdern Lührs erwarb. Helms hat noch einen kleinen Steg, von dem aus Boote ablegen können.

Zum Schweinesand

Unterhalb von Baurs Park lud ein Badehaus mit Kabinen zum Schwimmen ein. Aber tausendmal schöner war das Baden auf den Sänden. Zwei Priele teilten den Schweinesand in drei Bänke. Die südliche war flutfrei und trug Schilf und hohe Weiden. Nirgends gab es feineren Sand als auf diesem Badeparadies mitten in der - damals noch sauberen - Elbe mit dem Blick auf das besonnte Blankenese unter seiner auf= und abschwingenden Höhenlinie.

In meinen letzten Schülerjahren träumte ich davon, auf dem Schweinesand ein Landschulheim zu schaffen. Ich wußte nicht, daß ein andrer ebendort ein Hotel mit Restaurant eröffnen wollte. Und wir beide ahnten nicht, daß man eines schönen Tages den ganzen Schweinesand wegbaggern würde. Mit dem gewonnenen Sand schwemmte man Meyers Sand auf, so daß er flutfrei wurde. Inzwischen hat die Strömung längst für weitere Umgestaltung gesorgt. Seitdem sind die Namen der Sände durcheinandergeraten. Jeder nennt sie, wie er will.

Solange es den Schweinesand gab, diente er nicht nur den sonne= und wasserhungrigen Gästen, sondern auch den Blankeneser Jungens, die im großen Priel Aale pedderten. Vom Boot aus ließen sie ihre Metten, fein säuberlich auf Wollfäden gezogen, mit einem Bleilot bis dicht über den Grund hängen. Sowie der Aal anbiß, rissen sie ihn mit einem Ruck ins Boot. Aber dabei sprangen oft die großen ab. Otto Asmussen hatte dagegen etwas erfunden. Er tauchte Mutters Wäschekorb neben seinem Boot ins Wasser, bis an den Rand. Kriegte er den Aal nicht ins Boot, bis zum Korb schaffte er es allemal.

64

Mühlenteich

Von alters her, jedenfalls seit dem 15. Jahrhundert, drehte sich am Auslauf der Schlucht von Dockenhuden zur Elbe das Schaufelrad einer Wassermühle. Sie mahlte das Korn, das am Strand aus den Kähnen ausgeladen oder auf Fuhrwerken den steilen Weg herunter gekarrt war, der bis heute Mühlenberg heißt. 1938 hat man ihn – der geschichtlichen Wahrheit grob zuwider – zur Gemarkungsgrenze nach Nienstedten gemacht, was er erstaunlicherweise noch jetzt ist.

Die Mühle aber ist verschwunden. Das Wasser, das sie antrieb, floß aus einem Teich am Hang und war wegen seiner Klarheit noch geschätzt bei den Anwohnern, deren Namen noch heute über den Haustüren erhaben geschnitzt zu lesen sind.

Die älteren Bewohner dieser Reetdachhäuser sind als Kinder alle mit Eimern an der Trage zu dem Teich gezogen und haben sich aus der Pumpe mit Wasser versorgt, dessen Güte sie immer noch rühmen. Die Pumpe war unerschöpflich, selbst wenn aus mehreren Haushalten zugleich der Auftrag an die Jungens erging: Morgen is Waschdag, mook de groote Wann vull. Der Teich ist noch vorhanden. Sein Wasser ist im Sommer kühl und im Winter so milde, daß sich auch bei stärkstem Frost die Wildenten darauf tummeln.

Als die Mühle auf Dampfbetrieb umgestellt war, verschilfte der Teich, und die Nachbarkeller sickerten voll. Da legte man ein Siel, um das Wasser zum Strand abzuleiten, und nahm die Pumpe weg. Was half es, daß die Anwohner nun eine Wasserleitung ins Haus bekamen? Weder Kaffee noch Tee wollte ihnen schmecken. Manch einer ist damals zu anderen Getränken übergegangen und bis heute dabei geblieben.

Panzerstraße

Im alten Blankenese hatten die Straßen keine Namen. Wozu auch? Man wußte ja, wo jeder wohnte, und der Postbote fand sich auch so zurecht. 1884 wurde die erste Straße getauft: die Magdalenenstraße.

Bei jeder Eingemeindung Blankeneses mußten einige Straßen umbenannt werden. Die älteren Leute fügen heute noch den früheren Namen hinzu, und natürlich gibt es für jeden eine Erklärung. Auch für die Panzerstraße.

Im Hause Nr. 7 wohnte früher ein Schlachter. Wo seine Ladentür war, ist heute das Schlafzimmer=fenster der Familie Stoffers. Die fand bei ihrem Einzug noch die Schlachterhaken an den hohen Balken hängen. Sie zogen eine Gipsdecke drunter weg und ließen die Haken, wo sie waren. Da es sich für den Schlachter nicht gelohnt hatte, jeden Tag frisches Fleisch zu liefern, verrichtete er sein blutiges Handwerk nach Bedarf. Um aber anzuzeigen, daß er geschlachtet hatte, baumelte er vor seiner Tür einen Ochsenpanzen auf, hoch an einem Haken.

Also müßte der Straßenname eigentlich Panzenstraße lauten. Aber, sei es aus Fein=gefühl, sei es aus Unverstand, man wandelte ihn ab in Panzerstraße. Eine Umtaufe wurde nie nötig.

Panzerstraße
April 73
H.H.

Mühlenberger Anleger

Er konnte es mit dem Blankeneser Bull'n nicht aufnehmen. Sein Leben war kurz und unbedeutend. Er war eben ein Dockenhudener Geschöpf. Eines Tages im Jahre 1909 war er plötzlich da, vom Himmel gefallen, so schien es uns, da wir die Vorbereitungen nicht bemerkt hatten. Wilhelm Stoffers war sein Wärter, von sieben Uhr morgens bis sieben Uhr abends. 16 Jahre lang war er als Koch auf Fischdampfern gefahren, als er sich bei der Gemeinde Dockenhuden um die Stelle des Brückenwärters bewarb.

Wie der Kapitän sich nach dem Lotsendasein sehnt, so hatte er sich nach dem geregelten Zuhause gesehnt, zweihundert Schritte von der Brücke den Mühlenberg hinauf. „Vadder kummt!" hatte sein Junge immer gerufen, wenn der Fischdampfer in Sicht kam. Jetzt konnten sie zusammen auf dem Ponton stehen und nebenbei ein bißchen fischen. Der Dienst ließ dazu Zeit. Stoffers wußte, wann seine Dampfer kamen: die grünen Dampfer der Hadag mit ihrer hohen Bugwelle und die beiden Elbfähren, die Stader Dampfer mit einem Schlüssel, die Este-Linie mit zwei Schlüsseln am Schornstein.

Langeweile kannte Wilhelm Stoffers nicht. Vor dem Elbkurhaus spielte sonntags eine Militärkapelle. Die hörte sich Stoffers auf seiner Brücke an, indem er sich den Hals eines Grammophontrichters vors Ohr hielt. Sogar die Musik vom Bull'n konnte er auf diese Weise zu fassen kriegen. Und dabei mußte er immer die Augen offen halten für alle leichtsinnigen Paddler und Schwimmer. Eine ganze Kette voll Rettungsmedaillen müßte er um den Hals haben, wenn er seine Hilfeleistung jedesmal gemeldet hätte. Anders war es bei denen, die er an der Selbstmörderecke, im Gebüsch unterm Hirschpark, bei ihrem traurigen Vorhaben beobachtete. „Dor will hüt Obend wedder een in't Woder gohn". Auf diese Voraussage konnte sein Junge sich verlassen wie auf die Tiden. Aber es galt, den rechten Zeitpunkt

für die Rettung abzupassen. Zu frühes Eingreifen hätte sie leicht um die Prämie gebracht, zu spätes sogar sicher.

Im Winter, wenn der Vorleger auf Strand gezogen war, ging die Entenjagd auf. Dann hockten Vater und Sohn in ihrem haselnußrunden, mit Zink= blech beschlagenen Eiskahn und lauerten, ganz in Weiß gekleidet, der eine wriggend, der andere mit dem Eishaken von Scholle zu Scholle über den ganzen Strom peekend, dem kostbaren Geflügel auf. Sie verkauf= ten ihre Jagdbeute an jedermann. Sonntags häufig an Jäger, die den kalten Tag beim warmen Grog versessen hatten und zuhause etwas vorweisen mußten, was wie selbst ge= schossen aussah und schmeckte.

Als die Finkenwerder Flugzeugwerke den Schweinesand weggebaggert hatten, weil sie Platz zum Starten und Wassern ihrer Flugboote brauchten, war der Umweg von Blankenese über Dockenhuden nach Cranz nicht mehr nö= tig. So geriet die Brücke 1937 außer Dienst. Obendrein war sie durch eine Hoch= flut angehoben und hatte sich wie ein Flitzbogen gewölbt, so daß ihre Rippen brachen. Wilhelm Stoffers hat sie nur um vier Jahre überlebt.

Mühlenberg

69

Dreehus am Blickberg

Am Süllberg entlang schlängelt sich die schmale Elbterrasse, die wegen des prachtvollen Ausblicks auf den Strom „Blickberg" genannt wird. Mit einer scharfen Kurve umschließt sie ein altes Fachwerkhaus, das sich unter seinem gewalmten Reetdach behäbig hinlagert, ein Dreehus mit zwei Lüttwohnungen und einem „Sahl" im Oberstock. Über der Tür lesen wir „D. H. Hollander No. 152", wobei die Zahl die alte Hausnummer innerhalb des Dorfes angibt.

Um 1800 hatte Friederich Breckwoldt für sich und seine Frau Margreta das große Fischerhaus erbaut. Durch fünf Generationen ist es bis heute in der Familie geblieben, aber lustigerweise in weiblicher Erbfolge. Die Töchter und Enkelinnen holten sich jeweils ihre Männer ins Haus: erst einen Hollander, dann wieder einen Breckwoldt, dann einen Weiß, Sohn von Kaspar Weiß, zuletzt einen Hirsch, der mit seiner Frau die eine Hälfte des Hauses bewohnt. Die andere Hälfte, in der früher Fritz Hollander seine Klempnerei betrieb, ist stilvoll und gemütlich als Alten-Tagesstätte eingerichtet, in der es beim letzten Kappenfest vergnügt zuging.

Kappenfest am 28. 2. 73

70

Blankeneser Fischerhaus
Meist to seet!   H. 73 Mai

Offener Kamin

Die Schüsseln über dem alten Herd mit den holländischen Kacheln hatte sich Peter Breck= woldt für sein Dreehus aus England mitgebracht. Die Börter aber und die Klappe vor dem Kamin waren noch nicht da. So konnte es zu dem schmerzlichen Ereignis kommen, das seiner Enkelin, der achtzigjährigen Frau Hirsch, noch heute vor Augen und Ohren steht.

Sie hatte mit ihrer Schwester die Mutter zum Nienstedtener Markt begleitet, wo sich die beiden Kinder für ihre Sparpfennige Luftballons kaufen durften, die Schwester einen roten, sie selbst einen blauen. Selig ließen sie ihre Schätze zu Hause an der Küchendecke schweben.

Noch nie war ihnen das Abendessen so lang erschienen. Endlich stürzten sie wieder in die Küche. Aber was sahen ihre erschrockenen Au= gen! Nur noch der blaue Ballon baumelte an seinem Platz. Den roten hatte ein Luftzug durch den offenen Kamin entführt. Schon trieb er in holder Unbefangenheit über die Elbe dahin, was die schreiende Schwester vor lau= ter Tränen nicht einmal sehen konnte.

Swienkrom

Der Fischkutter „Luna" SB 3 gehörte Vadder Fansen. Der hatte es mit der feinen Art. Er trug ein Samtkäppchen mit Troddel dran, wenn er seine Schollen zum Verkauf durch die Straßen beförderte, der Einfachheit halber in einer Fischkiste, die er am Tau hinter sich her schleifte. Wenn sie leer war, schaufelte er auf dem Rückweg Peerködel hinein. Man muß ja praktisch denken. Immer wenn er Miete kassiert hatte, verschwand er für drei Tage in St. Pauli. Sonst genügte ihm zwischendurch ein steifer Grog. Das ölte die Stimme für seinen Ruf: „Labennige Scholln!", „De sünd doch all lang dod", meinte ein Junge, der in die Kiste guckte. „Springlabennig sünd de", rief Vadder Fansen. „Du hess keen Ahnung vun Scholln, Fung, goh wieder!"

Krögers Hotel war bis nach Hamburg bekannt für seine Kökschenbälle. Es lag steil am Hang, unter sich den dunklen Tunnel, der zu Knutschpartien diente, und die beleuchteten Toiletten, die der Hygiene dienten oder dienen sollten. Bei den Damen waltete Frau Glöckner, bei den Herren Herr Kowitz als Aufsicht. Eine schwache Wand erlaubte ihnen Sprechverbindung. Wenn nun die Jungens auf dem Kökschenball mit all dem Bier im Bauch mal raus mußten, sparten sie sich meistens den Weg bis zu den Toiletten und gingen nur bis zu den Kasematten darüber. Alsbald vernahm Herr Kowitz ein Geräusch an seinem Fenster, hielt die Hand hinaus, um sich zu vergewissern, und rief: „Frau Glöckner, es rögnet schon wieder!"

Vor 200 Jahren unterschrieben die meisten Blankeneser Fischer mit einem Kreuz. 100 Jahre später kletterten schon manche Kinder jeden Morgen 150 Stufen in den oberen Ort hinauf, um Lesen und Schreiben, Rechnen und Gesangbuchverse zu lernen, Jungens und Mädchen gemeinsam. Die alte Schulidylle Blankeneses ist weitgehend verschwunden. Nur die Westerend= schule steht noch, allerdings umgebaut, am Krumdalsweg 1a. Die meisten alten Blankeneser gingen in die Schule am Kahlkamp, die 1874 eröffnet wurde und nun ihrem 100. Geburtstag entgegen geht, unter dem Namen Richard Dehmels.

In den kleinen Schulen der dänischen Zeit haben Jungens gesessen, die mit 15 Jahren ihre Steuermannsprüfung ablegten und mit 20 Jahren als Schiffer fuhren. So die beiden Brüder Bremer auf Dreimastschonern ihres Vaters: Peter auf der „Margarethe", die nach seiner Mutter, und Johannes auf der „Hans Bremer", die nach seinem Vater genannt war. So junge Kapitäne wie damals gab es nie wieder.

Die Bauernkinder von Dockenhuden gingen bis 1890 in das reetgedeckte Haus Ecke Elbchaussee und Dockenhudenerstraße, das unser Bild in seinem heutigen Zustand zeigt. Später siedelten sie in die Schulstraße, jetzt Simrockstraße, über, wo 1873 eine neue Schule eröffnet und nach und nach zu dem Komplex ausgebaut wur= de, der noch heute, im Jubiläumsjahr, an der nunmehrigen Frahmstraße seine päd= agogischen Aufgaben erfüllt.

Nicht nur Verstand und Fleiß wurden einstmals von den Schulmeistern angeregt, sondern auch Herz und Gemüt, wie es Kuddel Dutt mit einer Geschichte aus der Dockenhudener Schule in Erinnerung gebracht hat. Wenn die Nachbarn sich bei dem alten Lehrer darüber beschwerten, daß seine Jungens ihre Äpfel klauten, mußten diese zehnmal das 7. Gebot abschreiben. „So", sagte er dann, „nu wißt ihr Bescheid. Du sollst nicht stehlen! Aber wenn es denn doch mal wieder über euch kommt und ihr meint, der Bauer sieht das nicht, dann könntet ihr eigentlich auch ruhig mal an euren alten Lehrer denken."

Ganz so altväterlich ging es in der neuen Schule nicht mehr zu, die Blanke= nese sich 1929, nach dem Zusammenschluß mit Dockenhuden, in der Karsten= straße leistete. Aber auch hier in der Gorch Fock-Schule, lebte noch Altblan= keneser Geist: Rudern im schuleigenen Boot galt als Unterrichtsfach. Der Name verpflichtet. Ausgerechnet auf diese neue und nicht auf eine der hundert= jährigen Schulen fiel eine der wenigen Bomben, die sich nach Blankenese ver= irrten.

„Ick mok ut min Mudder
ehr Neihkorf en Brigg;
dat Deert dat weer leck
un harr ok nich veel Schick."
Kindervers

Schulweg

Von unserer Wohnung in der Gärtnerstraße, heute Hasenhöhe, waren es nur wenige Schritte bis zur Witts Allee. Dort wartete ich vor dem Haus, an dem ein pausbäckiger Jüngling die Segel eines Schiffes bläht, auf Willi Meyer. Nun forderte die Spielregel, mit der Hacke einen Strich zu ziehen, der auf dem Rückweg durch einen zweiten ergänzt wurde, damit Willi Meyer in diesen Schienen als Lokomotive nach Hause fahren konnte.

Dann ging es durch die Goethestraße, heute Ole Hoop, in die Magdalenenstraße, heute Dormienstraße. Daß sie Kirche und Schule miteinander verband und auf halbem Weg Gericht und Gefängniszellen lagen, machte uns keine Beschwer. Zur Schule gingen wir mit Freude, vom Gericht wußten wir nichts, und über die Kirche dachte ich erst nach, als der Pastor meine harmlose Schwester bei der Taufe schlankweg „Du Sündenbalg" genannt hatte. Sein jetziger Amtsnachfolger hat mich beruhigt: das sei auch theologisch nicht ganz haltbar.

Das ist also ausgeräumt. Nicht aber die Schmach, die ich eines Tages in der Witts Allee erfahren mußte. Kaum konnten wir schreiben, da malten wir mit Kreide geheimnisvolle Buchstaben an die Bäume, unseren Feinden zum Spott und Schaden. Diese, nicht faul, verständigten meine Eltern. Und mit einem Blockwagen mußten wir – vorsichtshalber ohne Schulmützen – die Straße unseres vermeintlichen Triumphes zurückwandern und aus vollem Eimer mit Schwamm und Tuch die Schande löschen, die doch die der Feinde hatte werden sollen, wie wir den fragend Blickenden klar machten. Die Bäume sind inzwischen beseitigt. Aber damit nicht die peinliche Erinnerung.

Der Schulweg endete mit Klingeln an der Tür vor unserem Treppenhaus. Schon von da aus meldete ich die wichtigsten Ereignisse zu meiner Mutter hinauf. So berichtete ich nach einer Kaiser=Geburtstagsfeier, die als „offizieller Aktus" in der Aula stattgefunden hatte, daß der Kaiser selbst dabei gewesen sei. Was war auch natürlicher, als in Anwesenheit des Geburtstagskindes zu feiern? Daß sich ihm zu Ehren der Ober=lehrer Hagmann in des Kaisers Rock gekleidet hatte, konnte ich nicht ahnen.

Auch andere Treppenhausrufe wurden kritisch aufgenommen. So verkündete ich das erste Zeugnis schon von unten: „Alles gut, bloß Rejohn genügend. Was ist eigentlich Rejohn?" „Komm man erstmal rauf", hieß es von oben.

Es ist ohnehin kein Belcanto, was aus den Kehlen der Rummel-Pott-Sänger dringt, wenn sie ihre Neujahrswünsche vor den Türen ableiern, etwa:

„Rummel rummel rusch,
Pröst Neejohr sitt in Busch.
Giff mi'n lütten Appelkoken
oder'n lütte Wursch.
Is de Wursch to kleen,
giff mi twee för een,
is de Wursch to grot,
smeckts noch mol so god."

Aber wehe, wenn sie ihre Säcke vergebens aufhalten! Dann kriegt die Olsch fix einen achterran, und mit schriller Eindringlichkeit schallt es durch den Ort:

„Witten Tweern, swatten Tweern,
düsse Olsch, de gifft nich gern."

Brave Töchter

Von dem alten reetgedeckten Schulhaus zum Mädchengymnasium am Willhöden ist ein weiter Weg. Wie immer kommt es auf die ersten Schritte an. Die taten acht Blankeneser Bürger, indem sie 1890 in einem Mietshaus in der Norderstraße eine Töchterschule eröffneten und die junge ostpreußische Maria Tschorn zur Leiterin wählten.

Als diese begabte und selbstlose Frau 1911 mit 47 Jahren starb, hatte sie in aller Bescheidenheit Ungewöhnliches für die eben erst erwachende Mädchenbildung erreicht: finanzielle Unterstützung von der Gemeinde und ein neues Gebäude in der Lindenstraße, heute Kirschtenstraße.

Darin saß sie auf dem vordersten Schülertisch und fuhr mit ihrem gefürchteten Zeigestock auf die Mädchen los, um sie bei der Sache zu halten. Bei sehr schönem Wetter öffnete man die Fenster, – beileibe nicht um hinauszusehen. Nur sie selbst nickte huldvoll zu Allen, die im Vorübergehen den Hut zogen, und meinte halb entschuldigend: „Die Herren grüßen die Wissenschaft."

Vielleicht war etwas dran. Jedenfalls erlebte sie noch, daß ihre Privatschule in eine öffentliche umgewandelt wurde, mit dem Fernziel, sie zum Lyzeum auszubauen. Die erste Sprosse für die Leiter zur Wissenschaft wurde noch vor ihren Augen gedrechselt.

Danach allerdings ging es langsamer voran, zum Leidwesen des gütigen Martin Huffelmann, der die Schule 23 Jahre leitete. Er hatte als junger Lehrer an der benachbarten Jungen-Realschule unterrichtet. Jungenschulhof und Mädchenschulhof waren durch einen Zaun aus Maschendraht voneinander getrennt. Schon immer. Und der Zaun hatte eine Tür. Auch schon immer. Jahrelang ist es in den Konferenzen beider Schulen um diese Tür gegangen. Sie diente der Trennung, aber auch der Verbindung, offen oder heimlich.

Schließlich wurde sie zum Status=
symbol. Denn als die Mädchen end=
lich eine Oberstufe bekamen, muß=
ten sie ihr Abitur auf der Jungen=
schule machen. Tür auf! Als aber
das Dritte Reich anbrach, durften
sie auch das nicht mehr. Tür zu!
Es mußte erst zur Eingemeindung
Blankeneses nach Hamburg kom=
men, um den Mädchen den Weg
zum ersten Abitur in der eige=
nen Schule, Ostern 41, zu öffnen.

Aber da lagen schon die
Schatten des Krieges über der
Schule. Erst 1955 hat sie sich da=
von erholt, als die halbe Schü=
lerschaft, 400 Mädchen, voran
die vergnügte und resolute Lei=
terin Anneliese Zahn, in lan=
gem Marsch zum Sorgfeld hin=
auszogen, um die neuen Pavil=
lons zu besichtigen, den Anfang
einer von Licht und Luft durchflossenen Traumschule samt Freilicht-Amphi=
theater, einer Schule im Grünen, in der das Lernen eine reine Freude sein mußte.

Große Pause

79

Wilde Burschen

Von einer Traumschule zu träu=
men, kann den Blankeneser
Jungen bis heute nicht einmal im
Traum einfallen. Sie sitzen noch da,
wo die Gemeinde 1894 die erste Real=
schule errichtete, wenn auch der alt=
preußische Kasten, den unser Bild in Erinnerung ruft, 1907 durch Vorbau und Auf=
stockung erheblich vergrößert wurde, – aber damit noch nicht wesentlich verschönert.

Auch diese Schule wurde durch die Initiative der Bürger ins Leben gerufen. Im
Jahre 1892, als die Blankeneser Hochsee-Fischerflotte auf 81, die Frachterflotte auf
30 Schiffe zusammengeschmolzen war, leitete der Gemeindevorsteher Hans Lange in
Krögers Hotel die Gründungsversammlung. Unter den elf Dockenhudener Gemeinde=
vertretern waren damals zwei Behrmanns, unter den dreizehn Blankenesern drei
Breckwoldts. Noch herrschten die alten Geschlechter. Nach zwei Jahren Unterricht
in der Parkstraße 22, heute Kiekeberg, zog die Schule in das neue Haus an der Linden=
straße. Heute heißt sie Kirschtenstraße. Man wird gleich sehen, warum.

Erst einmal wanderte der ebenso kleine wie rührige Propst Theodor Paulsen, der
die Schulaufsicht für den Kreis Pinneberg wahrnahm, wochenlang mit dem Rucksack
durch Deutschlands Gaue, auf der Suche nach einem verheirateten Neusprachler, der
zum Direktor taugte. Seine Wahl fiel auf Walther Kirschten, den er im thüringischen
Städtchen Eisenberg aufspürte.

Neben diesem wurden dem Blankeneser Wahlkomitee noch zwei andere Kandi=
daten vorgestellt, – echt paritätisch und demokratisch. Der eine von ihnen kam aus
Oldesloe und sprach in holder Unbefangenheit die Erwartung aus, im schönen Blanke=
nese könne er wohl mit zahlenden Kostgängern in seinem Hause rechnen. Das Komitee

runzelte die Seemannsstirn. Der andere, ein Rheinländer, vergaß sich so weit, den Blick vom Drachenfels auf den Rhein mit dem von Blankenese auf die Elbe nicht nur zu vergleichen, sondern sogar jenem den Vorzug zu geben. Hinreichender Beweis für abgründigen Ungeschmack.

So ging Walther Kirschten als Sieger aus dem Rennen hervor. Er übernahm den Unterricht in den obersten Klassen, kümmerte sich aber wie ein strenger Vater auch um uns Kleine, die in drei rammelvollen Vorschulklassen der Realschule angegliedert waren. Nur daß wir ihn nicht – wie die Älteren – bei seinem Eintreten mit „Bon jour, monsieur, comment allez-vous?" zu begrüßen hatten. Dafür kamen wir auch nicht in die Lage, nachmittags vor seiner Haustür mit Strafarbeiten anzutreten.
In 28 Jahren hat dieser bedeutende Mann der Schule sein Signum aufgedrückt. Mit Recht trägt die einstige Lindenstraße heute seinen Namen.

Ob es den Blankenesern angenehm im Ohr geklungen hat, wie Propst Paulsen ihnen bei der Eröffnung die lateinlose Realschule schmackhaft machen wollte? Schlicht und klar sagte er: „Wir haben in unserer Provinz schon genug Gymnasien, vielleicht mehr als genug. Es haben mehr Schüler bisher Gymnasien besucht, die nicht dahin gehörten." Und dann kam er auf den herben Kern der Sache: „Die Söhne der Familien, welche in Blankenese und Dockenhuden wohnen, erstreben, mit verschwindenden Ausnahmen, keine gelehrte Bildung, sondern die solide Ausbildung für den praktischen Beruf." Das war erfrischend deutlich.

Und wie sah die Praxis aus? Nicht gerade rosig – wie wir in einem frühen Schulbericht lesen. „Die Sprößlinge der alteingesessenen Schiffer=, Lotsen= und

Fischerfamilien", heißt es darin, „hatten von ihren Vorfahren den Drang nach Freiheit und in die Weite, überschäumendes Kraftgefühl und unbändigen Wagemut geerbt. Diese wilden Burschen zu bändigen, war ein schweres Stück Arbeit. Mit der Zeit wurden die Blankeneser Jungen etwas ruhiger, gesitteter und höflicher. Zu verlockend ist der Strand, und den Eltern fällt es schwer, des gleich nach dem Mittagessen aus der Haustür entwetzten Jungen vor dem Abendessen wieder habhaft zu werden. Aber tüchtige Kerle sind sie doch alle geworden." Man hört es gern.

In der alten Realschule flogen die Lehrer ein und aus wie im Taubenhaus. Der geistvolle Benno Diede= rich und der umsichtige Sebald Schwarz, der bereits 1895 mehrtägige Wanderungen einführte, folgten schon früh verlockenden Rufen an Vollanstalten. Länger blieben Guschi Penseler, der Naturwissenschaft= ler, und Albert Nachtigal, der 1912 ein Pfadfinder= korps auf die Beine stellte, der Schule erhalten. Sie er= lebten noch den Ausbau der Oberstufe, der 1914 ab= geschlossen war, - mit der Notreifeprüfung von sieben Abiturienten. Als die Grundschule 1921 ausgelaufen war, unterschied sich die Anstalt in nichts mehr von einer normalen Oberrealschule.

Wilhelm Schramm und Lorenz Nicolaysen führten die Schule in die Ge= genwart hinein, unter immer anderen Nöten, jeder 20 Jahre lang, stets in

der Hoffnung auf einen neuen Bau, der dem jetzigen Gymnasium wohl an=
stünde. Kein anderes in ganz Hamburg muß in einem so alten Hause leben.
   Der einstige Maschendraht ist längst verrostet und beseitigt, mitsamt der
Tür. Das alte Mädchenhaus wird heute von den Jungen mitbenutzt. Nicht nur
das. Im alten Jungenhaus sitzen auch Mädchen. Denn beide Blankeneser Gym=
nasien huldigen inzwischen der Koedukation. Diese ist schon bis zur Mittel=
stufe hinaufgewachsen, so daß sich Bravheit und Wildheit wechselseitig in die
Arme fallen, will sagen: gegenseitig abschleifen können. Und längst erzeugen
beide Gymnasien alljährlich so viele Abiturienten, daß Propst Paulsen sein
Blankenese nicht wiedererkennen würde. Es lohnt sich, auf der Straße, die sei=
nen Namen trägt, darüber nachzusinnen, mit einem Blick auf den Markt,
mittwochs, freitags und sonnabends.

Aus den Akten der Realschule

Geschenke:
1896/97 von Frau Direktor Kirschten:
   ein Taktierstock
1897/98 von seiner Majestät dem Kaiser:
   Oncken: Unser Heldenkaiser
      von Frl. Wörmcke:
   Knigge: Umgang mit Menschen
      vom Tertianer N. Köster:
   eine Blindschleiche
      vom Vorschüler Hans v. Appen:
   Webernest und ein sehr großes
   Hühnerei

   Leihgaben:
      vom Gastwirt v. Appen
   für die Aula seine große Kaiserbüste

   Geburtsorte:
   Mehrfach heißt es: auf der See

   Beruf der Väter:
   Bei den 11 Abgängern von 1904 sind drei
   Väter Kapitäne, aber keiner mehr am
   Leben.

Aus der Schulordnung von 1894
§ 18 Die Benutzung öffentlicher Leih=
bibliotheken ist untersagt
§ 22 Inbetreff der Teilnahme eines Schülers
am Tanzunterricht hat der Vater oder
dessen Stellvertreter mit dem Direktor
vorher Rücksprache zu nehmen.

§ 24 Es ist den Schülern nicht gestattet,
öffentliche Gerichtsverhandlungen und
politische Versammlungen zu besuchen.

Aus der Schulordnung von 1913
   Der Besuch von Theatervorstellungen,
Konzerten, Wirtshäusern u. dgl. ist den
Schülern nur in Begleitung ihrer Eltern
oder deren Stellvertreter gestattet.
   Die Kinematographentheater sind
eine schwere Gefahr für Körper und Geist
der Kinder. Deshalb gilt auch für ihren
Besuch die obige Vorschrift.

Schulränzel 1896
   Als Norm ist festzuhalten, daß das
Gewicht der Mappe eher weniger als ein
Achtel des Körpergewichts beträgt.

Preußischer Zirkular=Erlaß 1901
   Strafen
   Die Strafen, welche die Schule ver=
pflichtet ist, über Teilnehmer an Verbin=
dungen zu verhängen, treffen in gleicher
oder größerer Schwere die Eltern als
die Schüler selbst.

Blankeneser Segel-Club

Der Bull'n hat hohen Besuch. Die "Wappen von Hamburg" legt bei ihm an und flaggt über die Toppen. An Bord feiert der Blankeneser Segel-Club sein 75 jähriges Bestehen.

Es waren die Jungens von Fischern und Seefahrern, die sich 1898 im Schiffer= haus unter der Führung einiger Fahrensleute zusammenschlossen. Und aus ihnen wiederum erstand der Seefahrt ein vorgeschulter Nachwuchs.

Nicht daß die Eltern darüber immer glücklich waren. "Eher hau ich dir alle Knochen kaputt, als daß ich dich zur See fahren lasse", erklärte ein Kapitän sei= nem Jungen zur Konfirmation. Und weinend beschwor manch eine Seemanns= witwe ihren Sohn oder Enkel, das Wasser zu meiden. Vergebens. Die Lockung von Strom und Wind war stärker.

Schon vor dem 1. Weltkrieg schuf Johannes Dreyer eine Jugendabteilung, die erste auf der Elbe und im Hamburger Raum, und gleich nach dem Krieg gründete seine Nichte Grete Dreyer eine Mädchenabteilung. Unter den zehn= riemigen Booten war die einstige Gig der Staatsjacht "Hamburg" mit ihrem Mahagoni das Glanzstück.

Während sich die Jugend im Pullen übte, segelten die Großen in offenen Jollen. Die Kajütjolle mußte erst erfunden werden. Es war der BSC, der diesen Typ, den Jollenkreuzer, 1920 in fünf Exemplaren bauen ließ. Was die Boots= bauer Jürgen Schuldt und Willy von Hacht zuerst als "Swinstrog" und "Pantüffel" verachtet hatten, bauten sie sehr bald selbst, und v. Hacht sogar die schnellsten.

Und noch einen Typ hat der BSC geschaffen: die 15 qm Einheits-Elbjolle, ebenso geeignet für Wanderfahrten wie für Regatten, wobei das Segeln um die Sände und der Olympische Dreieckskurs im Mühlenberger Loch immer den höchsten Anreiz bieten. Auf 250 Booten aller Klassen flattern bei der Flottenschau die blau-weiß-roten Stander des BSC im Jubiläums-Wind.

BLANKENESER SEGEL CLUB

BSC-HAFEN · BLANKENESE 1973
CHRISTEL SCHULTZ-HUDEMANN

Gretchen Wangel erzählt

Unter dem erhaben geschnitzten Hochzeitsschild "Wilcken Bohn Margareta Bohns d. 9. Juli 1802" öffnet Frau Wangel die Tür des alten Reetdachhauses Mühlenberg, Ecke Panzerstraße und kommt gleich ins Erzählen.

Ihr Viererhaus hat zwei Wohnungen und zwei Altenteile, wobei die Versorgung der Alten durch die Jungen von alters her testamentarisch gesichert ist. Ebenso die Grabstätte und der Platz auf der Kirchbank, beides in Nienstedten.

Mein Mann, sagt sie, hat Zimmermann gelernt. Trotzdem hatten wir unsere liebe Not, als wir 1928 aufstocken wollten. Früher baute man die Wände ja ohne Lot und Wasserwaage. Als wir die Fenster hereinbringen wollten, paßte nichts zueinander. Wir wären die kleinen Scheiben bei der Gelegenheit gern losgeworden; aber das wurde nicht erlaubt. Selbst die Erker mußten abgerundet werden. Und was wird heute alles gebaut?

Hier in der Stube war in der Decke eine Klappe zur Dachkammer. Wenn die Fischer ihre Netze knütteten, kam immer mal der Augenblick, wo die Petroleumlampe vor lauter Tabaksqualm aus= gehen wollte. Dann stieß einer mit dem Stock die Klappe auf, und der Qualm zog ab. Da in der Ecke stand ein breiter Ofen; für den brauchten wir früher nur zehn Zentner Kohlen. Es gab ja immer Holz am Strand, und wenn keins da war, wußte man es anderswo zufinden.

Die Mühlenberger Kinder waren auch sonst findig. Bei Flut verdienten sie sich einige Groschen, indem sie Uferwanderer übersetzten, wo das Wasser bis an die Mauer unter der Bost reichte. Auf dem Spalier der Fabrik neben dem Elbkurhaus ernteten sie Weintrauben, wobei mein Schwager mal er= wischt und versohlt wurde.

Ich selbst wohnte als Kind am Kiekeberg. Mein Vater war Fuhrmann. Dr. Mordhorst lieh sich für seine Besuche oft einen Wagen, stundenweise. Mit dem Arbeitswagen war mein Vater den ganzen Tag zugange, manchmal auch bis in die Nacht, je nach Tide. Wenn hier am Mühlen= berg eine Schute mit Mauersteinen auf Strand lag, mußte sie während der Ebbe ausgeladen werden. Einmal war mein Vater so müde, daß er den Wagen hier stehen ließ und mit seinen vier Pferden von der Hauptstraße aus die ganzen Stufen bis zum Kiekeberg hinaufmarschiert ist. Es war ja dunkel, so daß ihn keiner sah.

89

Er fuhr auch die Sargwagen. Bei 2. Klasse genügten die gewöhnlichen Decken, bei 1. Klasse wurden bessere darüber geknöpft. Die Pferde trugen schwarze Kappen, auch bei 2. Klasse. Über den vier silbernen Stangen war ein silbernes Kreuz, ich glaub: aus Blech. Wenn der Wagen unter der Brücke durchmußte, die von Hesses Park zu Stülckens Park führte, mußte mein Vater das Kreuz runterklappen; sonst kam er nicht durch. Es war man bloß mit einem Tau festgemacht; das hatte unten eine Schleife. Später haben sie die Brücke umgebaut.

Beim Abschied sagt sie: „Diese Tür wurde früher nie benutzt, nur bei Hochzeit und Beerdigung. ‚Dode un Brut mütt to een Dör rut!' für gewöhnlich ging man durch die Küchentür. Aber heute ist man ja nicht mehr so strenge."

AM ABHANG (MÜHLENBERG)
1973 C. SCHULTZ-HILDEMANN

Sonnabend den 23.6.73

Freibad Marienhöhe

Nicht alle Pläne, die Blankenese auf die Höhe der Zeit bringen sollten, wurden in die Tat umgesetzt. Vor dem ersten Weltkrieg hatte die Gemeinde erwogen, neben Baurs Park einen Fahrstuhl im Tunnel oder wenigstens einen Sessellift vom Strand heraufzuführen. Nach dem zweiten Weltkrieg dachte man daran, Goßler= haus und Hirschpark zu verkaufen und dafür den Hesse-Park als Marktplatz mit Ortsamt herzurichten. Ganz jung ist das Angebot eines Supermarktes, sich für 5 Millionen an die Stelle der Kirche und Pastorate zu setzen. Alles das unter= blieb. Statt dessen wurde ein Kaum gewagter Wunsch zu schönster Wirklichkeit: das Sommerbad auf der Marienhöhe.

Kirche

Daß die Blankeneser überhaupt eine Kirche kriegten, war ein Wunder. Sie verdanken es den Nienstedtenern oder eigentlich deren Pastor, dem Propst Paulsen, oder ganz eigentlich dem schlechten Zustand der schönen alten Nienstedtener Kirche, zu der auch die Docken= hudener und Blankeneser gehörten, die auf dem lan= gen Kirchenweg so zahlreich anrückten, daß die Bänke sonntags nicht ausreichten.

„So geht es nicht weiter", sagte Propst Paulsen angesichts der Fülle. „Entweder wir müssen eine neue Kirche bauen, oder wir müssen Blankenese und Docken= huden auspfarren". Die Nienstedtener haben mit sau= ren Mienen hin und hergerechnet, was das kleinere Übel sei: der Verlust der wohlhabenden Dockenhu = dener Parkbesitzer oder die Kosten einer neuen Kirche. Schließlich sagten sie: lassen wir die Dockenhudener laufen und behelfen uns bei der Ausbesserung der Kirche mit dem Nötigsten.

Damit waren Blankenese und Dockenhuden eigene Pfarrgemeinden. Aber woher sollten sie eine Kirche nehmen? Als sie darüber noch grübelten, legten schon der protestantische Propst Paulsen und der katholische Landrat Scheiff mit ökume = nischer Weitsicht und ökonomischem Scharfsinn ihre Netze aus - um die wohlhabenden Hamburger, die die Parks geschaffen hatten. Und mancher große Fisch ging ihnen ins Garn.

Schon hatten Auguste Baur die halbe Kirche, Frau Hesse die ganze Orgel und Max Schinckel drei Glocken mit den Namen seiner Töchter gestiftet, da drohte der ganze Plan zu scheitern. Propst Paulsen hatte sich die Kirche auf Schinckels Hügel, mit weitem Blick über die Elbe gedacht. Zu schön, um wahr zu werden. Wer sollte da hinaufwandern? Zwar war Schinckel so fein, den Platz, den er eben verschenkt hatte, gegen bar zurückzukaufen. Aber dennoch hieß es: einen neuen suchen, möglichst nahe den Straßen, die Dockenhuden und Blankenese verbanden. Da stach der Park von Wilhelm v. Godeffroy ins Auge, einem Sonderling, der fern von Blankenese in Berlin wohnte. Zu ihm machte sich Landrat Scheiff auf die Reise. Mit Erfolg. Der schwierige Besit= zer des „Weißen Hauses" schenkte den Gemeinden ein stattliches Gelände für Kirche und Pastorate.

Aber es lag in Dockenhuden! Noch schwelten die Feuer der alten Stammesfehden zwischen den Ortsteilen. Schneidig sprangen die Blankeneser über die Flammen hinweg. Schließlich lag auch schon der Bahnhof auf Dockenhudener Grund. Und daß die Dockenhudener den Löwenanteil der Kirche be= zahlt hatten, mag dem Hochsprung der Blankeneser Auftrieb gegeben haben.

Musenstall

Johannes Matthias Hansen hat 1839 einen Stall für die Pferde des Konferenz= rates Georg Friedrich Baur gebaut. Als die letzten Pferde ihn ge= räumt hatten, bot man ihn den Musen an: den ersten Stock der Dichtkunst, der Musik, der Malerei und der jungen Muse des Lichtbilds, das Erdgeschoß der Literatur für jedermann.

Die Musen kamen zögernd. Sie wußten: der Elbparnaß hat seinen eigenen Stolz. Er ist wortlos glücklich. Und wo wäre das Bild, das es mit seiner Wirk= lichkeit aufnähme, oder gar ein Einheimischer, der diese würdig priese?

Nirgends. Die Dichter und die Maler kamen von auswärts, von Blankenese beseligt, aber nicht von ihm erzeugt. Butenlanner – mit einem Wort. „Blan= kenese hat Einwohner und Zugezogene", heißt es im Schulaufsatz eines Hiesigen. „Die Zugezogenen haben selbst schuld, daß ihre Vorfahren nicht in Blanke= nese geboren wurden. Trotzdem werden sie geduldet!" Wie zartsinnig!

Ob eigentlich eine Muse hier geboren wurde? Wenn man Rudolf Klutmann in Goethes Haltung wandeln sah, wähnte man sich in Weimar. Aber gerade er wußte, wie sauer es den Musen hier wird. Richard Dehmel hatte sich darüber keine Sorgen gemacht. Er sprang singend und tanzend durch die Rissener Heide, daß die arglosen Wanderer erschraken.

94

Hans Henny Jahnn wiederum sah über Blankenese weit hinaus in nordische Landschaft hinein. Zugleich behielt er die Rehe des Hirschparks im Auge und wurde sogar Geburtshelfer bei der Niederkunft von Meta, dem einzigen Stück Rotwild im Wildgatter.

Walther Teich und Rudolf Ibel konnten gern freundlich aufeinander ver= weisen. Man nahm es hin wie Paul Schureks stilles Wirken. Eher schon gingen die Verse von Hans Leip und die Abenteuer von Harry Reuß-Löwenstein den Blankenesern ein; und obendrein waren beide flotte Zeichner.

Man denkt: den Blankeneser Malern müßten die Augen übergehen, wenn sie nur zum Fenster hinauskucken. Aber außer Eylert Spars hat sich kaum einer auf das Thema Blankenese geworfen, allenfalls Volker Heydorn, der als Einwohner gelten darf. Die alten Blankeneser Jochen Stehr und Wilhelm Teegen allerdings hatten sich ihre Motive aus dem Ort gewählt. Aber wer kennt noch ihre Namen?

Im Musenstall kommt jeder zu Wort oder vors Auge. Dazu die Musiker und Komponisten, die sich hier angesiedelt haben, unter den letzten die muntere Felicitas Kukuck. Und obendrein eine Besonderheit: eine Meisterin des Sprechens: Vilma Mönckeberg.

An Musen fehlt es also nicht. Sie müssen sich im engen Stall arrangieren. Schließlich liegt Baurs ausgedehnter Elbparnaß zwei Schritte vor der Tür. Zu ihrer Erbauung und zu unsrer.

u.s.w.

Blitzblanke Blankeneserin

Es hieße Schollen nach Blankenese tragen, wollte man die Schönheit der blonden Blankeneserin rühmen. Aber ob ihre Tugenden genug gepriesen sind?

Unter diesen steht ihre Sauberkeit obenan. Mit dem Stubenbesen fegt sie die Fliesen vor ihrer Haustür, dann putzt sie die messingne Klinke blitzeblank, und manche geht so weit, sonnabends ihren Torf abzustauben.

Wer wünscht sich nicht eine solche zur Frau? Aber woher nehmen? Der alte Ratschlag, sich sonntags vormittags eine auf der Brücke zum Bull'n auszusuchen, gilt nur für geborene Blankeneser. Für alle andern gilt der Ausspruch eines Kapitäns, um dessen Tochter sich ein Jüngling aus dem Harz bewarb: „He is jo en fienen Kerl. Ober he is'n Frömden. Un frömde döcht nix."

Unter den Tugenden der Blankeneserin steht ihre Gastlichkeit gewiß nicht an letzter Stelle. Diese kann bis zur Selbstlosigkeit getrieben werden, wie es der feinsinnige Ausspruch beweist, den ein Besucher bei Tisch vernahm: „Eet man, eet man, is allns för ju anschafft. Wi eet sünst sowat nich."

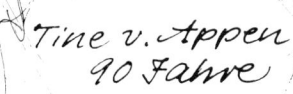

Tine v. Appen
90 Jahre

Trachten

Hübsch haben sie ausgesehen, die Frauen und Töchter der Blankeneser Fischer in ihren farbigen Trachten: dem roten, gelb gesäumten, flauschigen Wollrock unter der weißen Schürze und dem bunten "Bosdok," dem Brusttuch, über dem blauen Mieder, aus dem die weißen Hemdärmel hervortraten. Den Blondschopf zierte eine Kattunmütze, mit französischem Brokat durchwirkt, und beim Ausgang obendrauf der runde, flache Strohhut.

Für Festtage wählten sie einen dunklen Tuchrock. mit langem, silberdurchwirktem Gürtel und hingen sich um die Halskrause eine Granatkette mit goldenem oder silbernem Schloß; als Hemdenbrosche glänzte ein "Hartje," ein silbernes Herzchen.

Aber es gab nicht nur Feste in Blankenese, es gab auch Trauer, und die reichlich. Man zeigte sie in vier Schattierungen: tiefe, halbe, viertel und ausgehende Trauer.

So war es bis vor hundert Jahren; dann mischte sich die Bauerntracht ein.

Und schließlich erlagen beide Trachten der Mode aller Welt, der die Männer immer schon gefolgt waren.

Wiebke, Kaspar Weiß' Ururenkelin liest in Platons "Staat"

2 Trachten aus dem Altonaer Museum H.K. März 1973

Fast ein Jahrhundert gehörte dieser – damals noch größere – Park den Godeffroys, Hugenotten, die aus Berlin nach Hamburg gekommen waren. Der älteste von ihnen fand 1786 beim Kauf die mächtigen Eichen samt der vierfachen Lindenallee zwischen Blutbuche und Bergahorn schon vor. Sein Enkel, der „ungekrönte König der Südsee," legte das Hirschgatter an, erwarb und beforstete die kahlen Flächen bis Rissen und Iserbrook, gab der Hamburger Gesellschaft, die er in Schlitten auf der Elbe holte und heimbrachte, strahlende Winterfeste und lebte nach dem Zusammenbruch seiner Firma sechs Jahre, bis 1885, von der Unterstützung durch seine Freunde.

Der Großteil von Godeffroys Schöpfung wurde als unantastbarer Schatz der Gegenwart überliefert: der dreigeteilte Park, der sich von der Elbchaussee bis zum hohen Ufer mit dem weiten Blick erstreckt, das Herrenhaus, das erste, das Christian Frederik Hansen in dieser Gegend erbaute, 1792 „der Ruhe weisem Genuß" gewidmet, und das reetgedeckte Kavalierhaus.

Als man den Park nach seinem neuen Besitzer Wriedts Park nannte, war er dem Publikum geöffnet. Für uns Kinder bestand sein größter Reiz in den trippelnden Scharen der schlanken Hirsche, die gern die Tüten mitfraßen, aus

DER RUHE WEISEM GENUSS
25. 3. 73. H.

denen wir sie füttern wollten, und in den schattigen Wegen zwischen den riesigen Rhododendronbüschen. „Das nennt man romantisch", sagte mein Vater, und ich behielt das Wort. Nach Wriedts Ableben ging der Park 1924 in den Besitz der Gemeinde.

Mit Hans Henny Jahnn zog neues Leben in das alte Kavalierhaus. Aus dem großen Lünettenfenster drangen die zarten Stimmen seiner Hausorgel, von Günther Ramin gespielt, zu den Hörern unter der mächtigen Buche. Während Jahnns Bornholmer Emigration arbeitete Vera Mohr in seinen Räumen an ihren Plastiken. Als er zurückkam, mußte er sich mit wenig Platz begnügen. Erst nach seinem Tod wurde die große Diele wieder frei, die heute von den Witthüs-Teestuben eingenommen wird.

Das Herrenhaus diente nach dem Krieg als Schule für Kinder der englischen Besatzung, bis Erich Thienhaus mit seiner Plattenproduktion Aufnahme fand. Jetzt ist die Lola-Rogge-Schule mit ihrer Tanzausbildung dort beheimatet und lädt zu mancher Lesung und Musik in die schönen Räume.

Sicher alles in Godeffroys Sinn. Reichtum verpflichtet. Auch die Erben.

Üb Herz und Hand

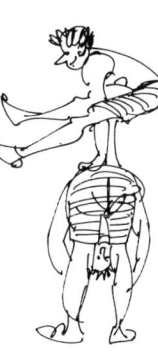

Die Blankeneser Jugend stählt ihre Muskeln in jederlei harter Übung und Kameradschaftlichem Spiel. Und das seit langem. Sie gründete ihre Vereine in Lokalen, die längst in Kinos verwandelt sind oder in Luft. In v. Appens „Tivoli" wurde 1893 der Blankeneser Männerturnverein aus der Taufe gehoben. Fünf Jahre darauf erblickte im Glaskasten des Schifferhauses der Blankeneser Segel-Club das Licht der Welt, und wieder fünf Jahre später ebendort die Spielvereinigung Blankenese, drei Anlässe zu stolzen Jubiläen. Da sich die Dockenhudener nicht zumuten konnten, mit Blankenesern in einer Riege zu turnen, schufen sie sich ihre eigenen Vereine.

Bescheiden fing es an, mit Reck und Barren, wo man sie irgend aufstellen konnte. Es ging über Aufschwünge und Abstiege. Heute steht die Spielvereinigung der Blau-Blauen an der Spitze, mit 1500 Mitgliedern, einem Haus am Sülldorfer Kirchenweg und eigenen Plätzen für Fuß=, Hand= und Federball, für Hockey, Tennis und Leichtathletik. Wer weiß noch, daß August Bröhan auf dem Wielandsfeld den Ginster ausreißen mußte, damit der Fußball nicht in die Büsche flog?

Ebenso bescheiden begann der Mühlenberger Segelclub. Vier, fünf Mühlenberger Jungens, die den BSC zu steif und zu teuer fanden, haben ihn im März 1961 gegründet, einfach so. Aus den rauhbeinigen Gründern – „Deerns könt wi nich bruken" – sind inzwischen Väter geworden und aus ihren paar Dinghies 180 Schiffe für 320 Mitglieder. Längst haben sie sich mit den Blankenesern ausgesöhnt, – Kunststück bei dem prachtvollen Follenhafen, den sie sich unterm Hirschpark geschaffen haben.

Das Weiße Haus

Als Johann Cesar Godeffroy 1789 mit dem Bau seines Landhauses im Hirschpark begann, erwarb sein Bruder Peter das große, von alten Bäumen bestandene Nachbargrundstück zwischen Mühlenberg und Mühlenberger Weg bis weit nach Dockenhuden hinein. Auch er bestellte sogleich ein Landhaus und auch bei Christian Frederik Hansen. 1792 waren beide Gebäude so weit fertig, daß v. Ramdohr sie in sein Reisejournal eintrug, als „in einem guten, aber etwas mageren Geschmack gebaut". Offenbar vermißte er äußeren architektonischen Schmuck.

Der Schmuck des Weißen Hauses war sein Park, im englischen Stil von dem französischem Kunstgärtner Daniel Louis Jacob angelegt, der später sein Restaurant in Nienstedten eröffnete. Und im Innern barg es Schätze, die ein günstiger Sturm ihm vor die Füße warf: eine Sammlung von Gipsabgüssen, die der Berliner Hof in Rom bestellt hatte und die mit ihrem Schiff vor Blankenese gestrandet war. Was die Berger nicht zerhauen hatten, geriet in Auktion, wo Hansen dafür „kaum die Auslagen des Gipses" zu bezahlen brauchte.

Drei Generationen Godeffroy besaßen den Hirschpark, drei Generationen Godeffroy den Park um das Weiße Haus. Der letzte war Wilhelm v. Godeffroy, nach dem die Straße heißt, die durch seinen einstigen Garten läuft. Ihm verdankt Blankenese den Platz für die Kirche, die er allerdings bei Lebzeiten nie betrat. Als er 1904 von ihr aus bestattet war, ging sein Besitz an Friedrich Kirsten, der einen Teil entlang dem Mühlenberger Weg für Villen-Neubauten abtrat und den Rest mit dem Herrenhaus 1920 an Karl Sieveking verkaufte.

102

1934 erwarb John T. Essberger Haus und Park und ließ beide in alter Schön=
heit neu erstehen. Der Park, der einzige aus früher Zeit, der noch in privater Hand
ist, schwingt sich von der uralten Buche am Tor mit mächtigen Bäumen in
die Tiefe. Das Haus repräsentiert die Kultur einer großen Epoche. An Schränken
voll erlesener Gläser und einer überreichen Porzellansammlung vorbei wandelt
der Besucher zwischen Möbeln aus Barock und Em=
pire vor handgedruckten französischen Wandtep=
pichen bis in den großen Saal, dessen Wände mit
den geretteten Abgüssen der antiken Reliefs
geschmückt sind: Pflanzenornamente, Statu=
etten und immer wieder Löwen, von Genien
spielend gelenkt.

   Wer im Nebensalon am Flügel sitzt, sieht
sich von Bildern der Impressionisten umgeben.
Und im Treppenaufgang hängt ein großes Bild=
nis, 1921 von Liebermann gemalt: Dame in
Schwarz. Es zeigt die Hausherrin, die einstige
Gärtnerstochter von der Hohenluft, als junge
Frau Wolff. Nachdem sie ihren Mann früh
verloren hatte, heiratete sie John T. Essberger
und belebte das Weiße Haus mit Kunstschät=
zen, Musik und Geselligkeit. Seit dem Tode
Essbergers verwaltet sie sein bedeutendes Erbe
mit angeborener Souveränität.

Schuppien kummt!

Bei diesem Ruf flitzten die Blankeneser Jungens in das nächste Versteck, ob sie nun rodelten, krakeelten oder sonst welchen Undög anstellten. Wachtmeister Schuppien war in jedem Falle zu fürchten. Er hatte das Format eines Kleiderschrankes und Hände wie Kohlenschaufeln. Als gedienter Artillerist trug er die entsprechenden Schulterstücke, dazu aber vorschriftswidrig eine Pickelhaube. Unter seiner rotgeäderten Nase saß ein kriege= rischer Schnauzbart, und unter diesem erscholl eine mörderische Stimme. Das Koppel umspannte einen stattlichen Bauch. Der schnellste war er nicht. Um eine Verhaftung vorzunehmen, mußte er Handschuhe anziehen. Das war ein solcher Umstand, daß ihm manch einer entwischte.

Das alte Gefängnis am Strand war aufgehoben. Da hatte im alten Zoll= haus an der Grube, dem späteren „Strandhof", der Wärter Gerckensmann in humanen Formen seines Amtes gewaltet. An Sommer= tagen lagen seine Häftlinge am Strand und zupften Werg. Abends zogen sie sich zurück in „Gerckens' Hotel".

Das neue Gefängnis lag hinter dem Amtsgericht neben dem Sängerheim, weit von den verbotenen Rodelbahnen, so daß Schuppien die lange Kette der konfiszierten Schlitten schwitzend bergauf ziehen mußte. Man kennt die Geschichte, wie ihm die Jungens die Taue ihrer Kreeken durchschnitten, ehe er oben angelangt war, und wie er dem kümmerlichen Restbestand einen wütenden Fußtritt versetzte, der die Schlitten vor die Füße ihrer Besitzer trieb.

Weniger bekannt ist das Geschick des Lübecker Ballspielclubs, der bei Kröger solchen Krach machte, daß die ganze Mannschaft im Gefängnis beim Sänger= heim Quartier beziehen mußte. Aber nicht für lange. Denn 20 Blankeneser riefen: „Wir wollen unsere Freunde raushaben!" Und das so laut, daß Schuppien auch sie einsperren wollte. Dagegen wieder protestierte der Gefängniswärter Papa Schulz: „Ick will hier keen vun de besopenen Kerls mehr hebben." Und bei dem allgemeinen Gerangel entschlüpften auch die Lübecker.

Ganz unbekannt geblieben ist das dunkle Ereignis, das man sich nur im vertrauten Kreise zuraunte, wo es immer Wonneschauer auslöste. Wieder einmal rodelten drei Blankeneser auf ihrer Kreeke die Elbstraße, die heutige Haupt= straße, in sausender Fahrt hinab, als hinter einer Kurve mitten auf dem engen Wege Wachtmeister Schuppien auftauchte, turmgroß. „Halt!" Aus= weichen? Unmöglich. „Otje, nimm die Füße aus dem Tau!" ruft der Hintermann. Otje drückt den Kopf zwischen die Knie und macht die Augen zu. Die andern beiden auch. So hat keiner gesehen, wo Wachtmeister Schuppien abge= blieben ist. Ob er im Salto über sie hinwegflog? Er selbst hat es auch nie verraten.

Baurs Park

Wie bei den drei Generationen Godeffroy im Docken= huodener Hirschpark, so wechseln Blüte, Reife und Ausklang im Blankeneser Besitz der drei Generationen Baur, des Konferenzrats, des Etatsrats und des Kauf= manns, aus dem Altonaer Bürgermeistergeschlecht.

Der Konferenzrat erwarb zwischen 1802 und 1815 elf Grundstücke, die ihm Ramée in einen Park verwan= delte. Er ließ Gartenerde vom Alten Land, Bäume und Ge= wächse vom Ausland herbeischaffen. Turmruine, Pagoden= turm und drei Tempel verliehen den Hügeln romantische Akzente. Vom Kanonenberg aus wurden Baurs auf= kommende Schiffe mit Böllerschüssen begrüßt.

Die Frage, wer das mächtige Herrenhaus gebaut hat, ist geklärt. Der Däne Ole Jörgen Smith leistete die Arbeit. Sein Sozius F. Matthias Hansen, ein Neffe von Christian Frederik, erhielt das Geld, muß also wenigstens am Plan beteiligt gewesen sein.

Über einer steinernen Uferbefestigung schirmte eine Mauer mit kräftigem Eisengitter den Park gegen Strand= läufer ab. Vertrauenswürdige Bürger konnten Schlüssel für die Pforten erwerben. Daß mein Vater zu ihnen ge= hörte, hob ihn in meinen Augen ungemein.

Wo der Etatsrat Palmenhaus und Blumengarten an= legen ließ, wurden nach dem Tode des dritten Baur Villen errichtet. 1927 kaufte Blankenese den Besitz auf und be= wahrte ihn vor weiterer Teilung. Heute betritt ihn jeder ohne Schlüssel.

Krach bei Hans Leip

Was sollen bloß die alten Dahlienknollen auf Rohrs Wiese?, dachten Heini Eggert und sein Freund Klaus. Die können wir eigentlich in die Elbe schmeißen. Gedacht, getan. Aber man überschätzt sich leicht. Von wegen Elbe. Klaus beförderte die erste Knolle gerade bis zum nächsten Garten, Heini die zweite genau in Hans Leips Goldfischteich. Plantsch machte es, und schon kam Hans Leip schimpfend hoch. Klaus und Heini jagten an der Mauer hinunter, Hans Leip mit seinen langen Beinen hinterher. Da wo sich die Treppe gabelt, rannten die Jungens auseinander. Einen Augenblick stutzte Hans Leip, welchem er nachlaufen sollte. Aber da waren sie schon beide hinter Zäunen und Hecken verschwunden.

Was muß ein Dichtersmann im Dorf alles erleben! Das ging schon früh morgens los mit dem Krach von Hannes Timm seinem motorisierten Lieferwagen, den er sich neu gekauft hatte. Gerade unter Hans Leips Fenster, wo der Fährverkehr endet, mußte Timm mit seinem Bubberpott wenden: vor und zurück, und nochmal vor und zurück und alles mit Höllenspektakel. Wütend riß Hans Leip das Fenster auf und rief: „Bei solchem Krach kann ja kein Mensch schlafen!" „Wenn du dorbi nich slopen kanns", sagte Timm mit Seelenruhe, „denn büs ok nich mehr meud." Aber bei dem Motorengetucker hat Hans Leip das wohl gar nicht mitgekriegt.

Goßlers Park

Krähen nisteten in den Bäumen, zwischen denen Christian Frederik Hansen 1794 für John Blacker ein Landhaus errichtete, „einen Tempel, der auf einem würdigen Parnaß stehen soll, von dem aus man einen Teil der Herrlichkeiten dieser Welt übersieht", wie der Architekt sich ausdrückte.

Als der Tempel mit seinen 28 dorischen Säulen dastand, fand Emilie von Berlepsch ihn „auf einem Sandhügel gebaut, auf dem fast kein Grashalm wachsen will, wo man Mühe haben wird, Wasser zu finden."

Allen Respekt also vor dem Engländer John Blacker und seinem Nachfolger, dem Schotten Daniel Ross, die aus dem Krähenberg einen Park im englischen Stil geschaffen haben. Schlechter erging es dem Tempel. Als der Hamburger Kaufmann John Henry Goßler ihn 1897 erwarb, ließ er ihn gleich zweigeschossig umbauen und nach einem Brand 1902 ebenso erneuern, so daß der Spruch, den er über dem Ostportal anbrachte, einen leicht

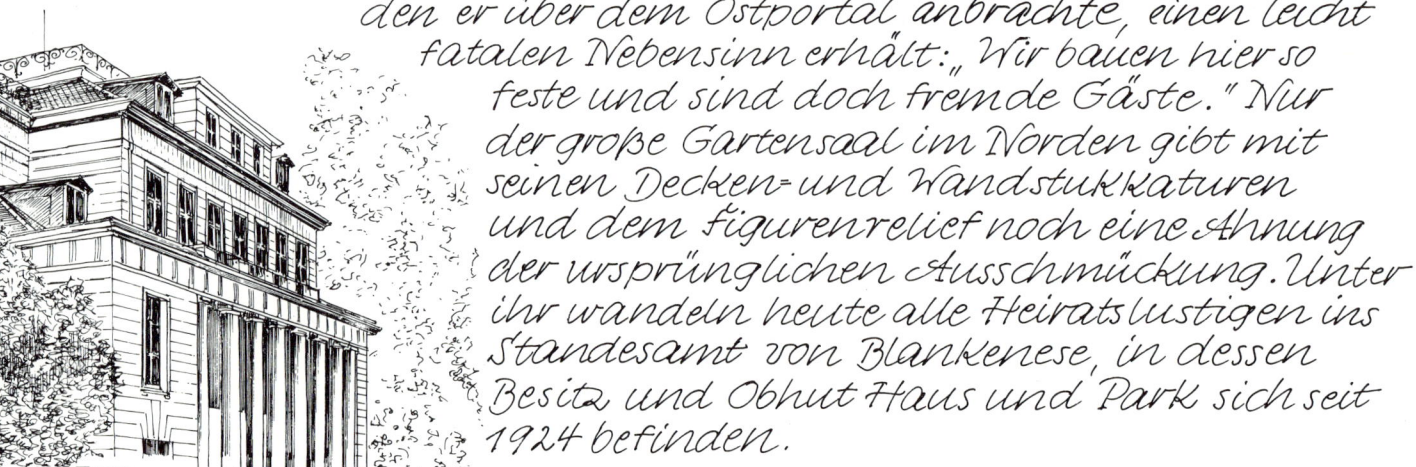

fatalen Nebensinn erhält: „Wir bauen hier so feste und sind doch fremde Gäste." Nur der große Gartensaal im Norden gibt mit seinen Decken- und Wandstukkaturen und dem figurenrelief noch eine Ahnung der ursprünglichen Ausschmückung. Unter ihr wandeln heute alle Heiratslustigen ins Standesamt von Blankenese, in dessen Besitz und Obhut Haus und Park sich seit 1924 befinden.

Zwischen Wilmans- und Hesse-Park

Oberhalb des alten Dorfes dehnte sich früher bis zu der langgezogenen Norder=, heute Oesterleystraße eine Weide für die Blankeneser Schafe. Auf ihrer Höhe, der alten „Schafsdrift", steht sinnigerweise das Gymnasium. In ihrem Grund erinnert die Straße Kahlkamp an den kahlen „Schäferkamp". Und auch hier steht eine Schule.

Sie liegt in der Schlucht zwischen zwei Höhenzügen, die Georg Klün= der vor Zeiten erwarb, den west= lichen um 1800, den weit größe= ren östlichen 25 Jahre dar= auf. Nach seinem Tode ging der westliche an Christoph Wilmans, der östliche über Carl Her= mann Merck an George Heinrich Hesse. Beide Besitze wurden später parzelliert. Den östlichen aller= dings hat die Gemeinde Blankenese mitsamt dem Herrenhaus 1926 übernommen und weitgehend erhalten, als „Hesse-Park".

In der Schlucht finden wir am Bokenstekerweg ein langgestrecktes, bescheidenes Haus, das noch 1967 von zehn Parteien bewohnt war. Jede hatte zwei Stuben und einen Herdplatz. Die Plumpsklos waren draußen. In diesem Haus wurden vor 100 Jahren die Arbeiter der Röttgerschen Ziegelei einquartiert. Heute dient es wieder dem Baugewerbe: als Schuppen für den Betrieb von Sörensen. Seitdem der Bokenstekerweg ge= sperrt ist, geht man die Straße bergan, die nach Richard Sörensen benannt wurde, an seinem Hause vorbei.

Kösterberg

Der höchste der Blankeneser Sandhügel ist mit stolzen 95 m der Kösterberg. Er heißt so nach dem Auktionarius Hinrich Jürgen Köster, der den Heiderücken 1794 kaufte und sogleich mit einem langgestreckten Landhaus bebaute. Auf dessen Dach errichtete man 1836 einen optischen Telegraphen, der mit 33 Signalen zwischen dem Hamburger Baumhaus und Cuxhaven private und Schiffsmeldungen nahm und gab.

Der Hamburger Bankier Max Warburg, der bei den Chevauxlegers gedient hatte, entdeckte bei einem seiner Ausritte das Gelände, das inzwischen durch Lindenalleen verschönt war, und gewann es lieb. 1895 erhielt er auf den Canarischen Inseln ein Telegramm von seinem Vater: Kösterberg gekauft.

Vater Moritz Warburg und Sohn Max bauten sich zwei größere Häuser mit freiem Blick am Hang zur Elbe. Im westlichen wohnten die Eltern und nach deren Tod ab 1926 ihr jüngster Sohn Fritz Warburg, im östlichen wohnte Max. In das alte Haus zog dessen

110

Sohn Eric. Er hat es von 1926 bis 1938 bewohnt und sah es, nachdem es als Wehr=macht=Dienststelle benutzt war, erst 1945 wieder.

Die alten Möbel und Kunstschätze, von der treuen Haushilfe Kathi, die mit Hitler in Braunau die gleiche Schulklasse besucht hatte, sorglich ausgelagert und verteilt, fanden nach und nach zurück.

Eric Warburg trennte sich von manchem Besitz. Er stellte 1949 die beiden großen Häuser für verschiedene soziale Aufgaben dem Elsa Brändström-Haus im Deutschen Roten Kreuz zur Verfügung, in dessen Besitz sie 1968 übergingen.

Er schenkte 1953 der Stadt Hamburg den Rosen=und den Römischen Garten in der Tiefe des Parks, der zu seines Vaters Zeit vom Bismarckstein bis zum Falkental gereicht hatte. Jetzt führt der neue Elbhöhen-Wanderweg durch die alten Gärten hindurch.

Ihre mächtigen Pinien träumen noch von den lampionerhellten, abendlichen Festen vergangener Jahre, die durch Liebhaber=Aufführungen im kreisrunden, heckenumsäumten Naturtheater unter der geschwungenen Treppe gekrönt und beschlossen wurden, wobei die Familie Warburg tüchtig mitspielte.

1956 machte sich Eric Warburg Kösters altes Landhaus winterfest. Wo schon dessen Erbauer das Auge Gottes als Deckenrelief und die Flügel der Erzengel in den vier Zimmerecken angebracht hatte, hängen die Ölgemälde von Erics Mutter Alice, umgeben von Tischbein, Liebermann und Anita Reé.

Aus den Fenstern geht der Blick hinunter auf die blanke Elbe, auf den neuen hellen Bogen von Meyers Sand und weithin ins Alte Land, über das breite Urstrom=tal hinweg, in dem einst das Gletscherwasser vor dem Moränenrücken, auf dem wir stehen, abgeflossen ist, ins Meer. Die Zeit steht still.

INHALTSVERZEICHNIS

Zeichnungen: Hildegard Hudemann, Christel Schultz-Hudemann
Text: Rudolf Maack

© 1973 by Hans Christians Verlag Hamburg · Alle Rechte der Verbreitung
sind vorbehalten · Druck Hans Christians · ISBN 3-7672-0233-6

LITERATUR

Schrader. Blankenese in „Schleswig-Holsteinische Provinzialberichte". 1787
Ehrenberg. Aus der Vorzeit von Blankenese. 1897
Timmermann. Die Blankeneser Schiffahrt. 1925
Sass. Das Blankeneser Fischerhaus in „Die Sprache des niederdeutschen
    Zimmermanns". 1926
Bröhan. Aus den alten Akten der Fähre Cranz–Blankenese. 1932
Hoffmann. Die Elbchaussee. 1937
Sass. Blankenese. 1962
Paulsen. Lebenserinnerungen. Monatsschrift des Blankeneser
    Bürgervereins. 1967
Meyer. 150 Jahre Blankeneser Schiffahrt 1785–1935. 1968
Wagner. Zwischen Hamburg und Stade. 1970

HISTORISCHES BILDMATERIAL

„Süllberg" um 1864, altes Plakat von Frau Schulte-Haubrock   Vorsatz
Raddampfer „Courier". Lithographie von David Martin Kanning
    um 1860–1870. Staatsarchiv Hamburg, Abteilung Altona   Seite 12
Raddampfer „Concordia". Aus Wagner, Zwischen Hamburg und Stade.
    1970   Seite 14
Fischer am Strand, Radierung um 1800, Staatsarchiv Hamburg,
    Abteilung Altona   Seite 20
Fischer mit Junge am Strand, 1880, aquarellierte Bleistiftzeichnung
    von Martin Gensler, Hamburger Kunsthalle   Seite 24
Kleine Werft am Blankeneser Strand, Bleistiftzeichnung von J. Stehr,
    Altonaer Museum   Seite 25
Pinaß-Schiff, einen Lotsen an Bord nehmend, unbezeichneter Kupferstich aus
    der ersten Hälfte des 17. Jahrhunderts. Museum für Hamburgische
    Geschichte   Seite 50
Aussicht auf Godeffroys Garten, auf die Elbe und Mühlenberg, 1820,
    aquarellierte Federzeichnung von J. Grünhoff, Altonaer Museum   Seite 58
Verschiedene Postkarten und Fotos von Frau Gerda Harmstorf,
    Fritz Lachmund und dem Blankeneser Bürgerverein.
Einige Ansichten von Segelschiffen aus:
    J. Meyer, 150 Jahre Blankeneser Schiffahrt 1785–1935.

SÜLLBERG UM 1960